(사)한국어문회 주관 | 교육급수

한자능력 검정시험

기출·예상 문제집

6급II

배정한자 ➕ 기출문제 완벽 반영!
예상문제 10회 ➕ 기출·예상문제 5회 수록!

- 한자어의 이해와 활용능력을 길러주기 위한 다양한 유형의 문제 수록
- 본 시험과 같은 유형의 기출·예상문제 수록
- 실제 시험처럼 연습할 수 있는 답안지 수록

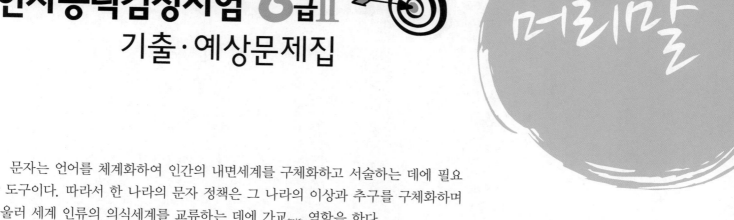

한자능력검정시험 6급Ⅱ
기출·예상문제집

머리말

　　문자는 언어를 체계화하여 인간의 내면세계를 구체화하고 서술하는 데에 필요한 도구이다. 따라서 한 나라의 문자 정책은 그 나라의 이상과 추구를 구체화하며 아울러 세계 인류의 의식세계를 교류하는 데에 가교_{架橋} 역할을 한다.

　　지금 우리나라는 문자 정책의 혼선으로 말미암아 어문 교육 정책은 실마리를 찾지 못하고 있으며, 사회 각처에서의 언어적 무가치와 무분별한 외래어 남용을 해소할 수 없어 내 나라 내 글인 한국어의 우수성을 저버리고 있다.

　　새삼 한국어의 구성을 강조하지 않더라도 한국어는 한자와 한글로 구성되었음은 누구나 아는 사실이다. 특히 그 구성에 있어서 한자 어휘가 약 70% 이상을 차지하고 있으므로 한자와 한글을 따로 떼어서 교육하려는 것은 굴대에서 바퀴가 빠진 수레를 몰고자하는 것과 같다. 그럼에도 불구하고 학자들 간의 이권_{利權}으로 말미암아 어문 정책이 양분되어 논쟁을 벌이는 것은 불필요한 지식 소모에 지나지 않는다.

　　이로 인하여 (사)한국어문회에서는 우리글인 한국어를 올바로 인식시키고, 고급 지식의 경제 생산을 이룩하기 위하여 초등학생부터 일반인에 이르기까지 '한자능력검정시험'을 시행하고 있다. 매년 수험생이 증가하고 있어 다행한 일이라 여겨지기는 하나 전국민이 학교의 의무 교육으로부터 올바른 한국어 교육을 받을 수 있도록 정책을 세우는 것보다는 못할 것이다.

　　한편 사회 각처에서 국한_{國漢}혼용의 필요성이 대두되면서 한자교육학회의 난립과 한자검정시험이 난무하고 있어, 오랜 세월 학자들이 주장해온 국한 혼용의 본래 취지와 한국어 교육의 참뜻을 저해할까 두려운 마음이 앞선다.

　　다행히 무분별한 외래문화의 수용 속에서 우리 것을 바로 알고 지켜나가는 (사)한국어문회가 어문 정책의 일환으로 추진하는 '한자능력검정시험'이 꾸준히 뿌리를 내리고 있어 한결 마음 뿌듯하며, 한국어 학습자와 수험생에게 조금이나마 보탬이 되고자 이 책을 펴낸다.

원 기 춘

차례

시작
하기 전에

01 본 문제집은 급수별 시험에 대비하는 학생이나 사회인이 한자어의 이해와 활용 능력을 기르는 데에 도움이 되도록 엮은 것이다.

02 본 문제집은 (사)한국어문회에서 주관하고 한국한자검정회에서 시행하는 한자능력검정시험의 출제유형에 따라 예상문제와 기출·예상문제를 구성한 것이다.

03 본 문제집은 한자능력검정시험과 같이 문제지와 답안지를 별도로 수록하여, 본 시험에 대비해 보다 실전에 가까운 체험을 할 수 있도록 꾸며졌다.

04 본 문제집은 먼저 답안지에 1차 답안을 작성하여 채점한 후에 틀린 부분을 문제지에서 다시 풀어 볼 수 있도록 구성하였다.

05 본 문제집의 예상문제는 출제기준에 따라 각 급수에 배정된 한자의 범위 안에서 엮은 것으로, 본 시험에 가깝게 난이도를 조정하였으며 별도로 정답과 해설을 수록하여 문제의 이해를 높이려고 하였다.

06 (사)한국어문회에서 주관하고 한국한자검정회에서 시행하는 한자능력검정시험은, 급수별로 8급(50자) / 7급Ⅱ(100자) / 7급(150자) / 6급Ⅱ(225자) / 6급(300자) / 5급Ⅱ (400자) / 5급(500자) / 4급Ⅱ(750자) / 4급(1,000자) / 3급Ⅱ(1,500자) / 3급(1,817자) / 2급(2,355자) / 1급(3,500자) / 특급Ⅱ(4,918자) / 특급(5,978자) 등에 배정된 한자의 범위에서 출제되고 있어서 국내 여러 한자검정시험 중 급수별로 가장 많은 배정한자를 지정하고 있다.

07 한자 관련 시험의 종류로는 (사단법인)한국어문회에서 주관하고 한국한자능력검정회에서 시행하는 한자능력검정시험과 국내 각종 한자자격시험 및 한자경시대회 등이 있다.

✓ 상위급수 한자는 모두 하위급수 한자를 포함하고 있습니다.

✓ 쓰기 배정 한자는 한두 급수 아래의 읽기 배정한자이거나 그 범위 내에 있습니다.

✓ 공인급수는 특급 ~ 3급II이며, 교육급수는 4급 ~ 8급입니다.

✓ 출제기준표는 기본지침자료로서, 출제자의 의도에 따라 차이가 있을 수 있습니다.

✓ 급수는 특급, 특급II, 1급, 2급, 3급, 3급II, 4급, 4급II, 5급, 5급II, 6급, 6급II, 7급, 7급II, 8급으로 구분합니다.

구분	특급	특급II	1급	2급	3급	3급II	4급	4급II	5급	5급II	6급	6급II	7급	7급II	8급
독음	45	45	50	45	45	45	32	35	35	35	33	32	32	22	24
한자쓰기	40	40	40	30	30	30	20	20	20	20	20	10	0	0	0
훈음	27	27	32	27	27	27	22	22	23	23	22	29	30	30	24
완성형(成語)	10	10	15	10	10	10	5	5	4	4	3	2	2	2	0
반의어(相對語)	10	10	10	10	10	10	3	3	3	3	3	2	2	2	0
뜻풀이	5	5	10	5	5	5	3	3	3	3	2	2	2	2	0
동음이의어	10	10	10	5	5	5	3	3	3	3	2	0	0	0	0
부수	10	10	10	5	5	5	3	3	0	0	0	0	0	0	0
동의어(類義語)	10	10	10	5	5	5	3	3	3	3	2	0	0	0	0
약자	3	3	3	3	3	3	3	3	3	3	0	0	0	0	0
장단음	10	10	10	5	5	5	3	0	0	0	0	0	0	0	0
한문	20	20	0	0	0	0	0	0	0	0	0	0	0	0	0
필순	0	0	0	0	0	0	0	3	3	3	3	3	2	2	2
출제문항(計)	200			150			100				90	80	70	60	50
합격문항	160			105			70				63	56	49	42	35
시험시간(분)	100	90		60			50								

● 한자능력검정시험은 《(사)한국어문회》가 주관하고, 《한국한자능력검정회》가 1992년 12월 9일 전국적으로 시행하여 현재에 이르기까지 매년 시행하고 있는 국내 최고의 한자자격시험입니다. 또한 시험에 합격한 재학생은 내신 반영은 물론, 2000학년부터 3급과 2급 합격자를 대상으로 일부 대학에서 특기자 전형 신입생을 선발함으로써 더욱 권위있고 의미있는 한자자격시험으로 인정받고 있습니다.

● 《(사)한국어문회》는 1992년 6월 22일에 문화부 장관 인가로 발족하고, 그 산하에 《한국한자능력검정회》를 두고 있습니다.

● 한자능력검정시험은 국어의 전통성 회복과 국어 생활을 바르게 하는 데에 그 목적이 있습니다. 따라서 시험에 출제되는 내용은 교과서·교양서적·논고 등에서 출제될 것입니다.

이 책은 '한자능력검정시험'에 대비하여 자신이 그동안 공부한 것을 평가하고, 자신에게
부족한 것이 무엇인가를 확인할 수 있도록, 시험 출제 가능성이 큰 내용을 위주로 엮은 것입니다.
아래의 길라잡이는 수험생이 자기 실력을 향상시키는 데에 도움이 될 수 있는 요점을 정리한 것이니, 이 책을
학습하기 전에 꼭 읽어보도록 하세요.

✓ **문제 풀이하기** 시험지가 몇 회인지, 시험 시간과 출제 문항수를 확인하고, 문제지 뒤에 붙어있는 답안지를 오려서 문제 번호를 확인하며
답안을 작성합니다.

✓ **정답 및 해설 확인하기** 시험을 마친 후에는 정답의 번호를 확인하며 답안지에 틀린 것을 표시합니다. 그런 다음에는 틀린 문제의 해
설을 확인하고 오답의 이유가 무엇이었는지를 알아야 합니다.

✓ **학습 효과 높이기** 틀린 문제를 공책에 별도로 적어두었다가 반복하여 쪽지 시험으로 확인하면 학습의 효과를 높일 수 있습니다.

✓ **자신의 실력을 인정하기** 문제를 풀이한 후에 점수가 70점이 넘지 않은 수험생은 기초가 튼튼하지 못하다는 것을 스스로 인정하고, 문
제집 앞에 수록된 배정한자, 반의어, 유의어, 한자성어 등을 학습하여야 합니다. 기초가 튼튼하지 않으면 공부를 해도 실력이 향상되지 않기
때문입니다.

✓ **기초 튼튼 다지기** 먼저 불투명한 종이로 배정한자의 훈과 음을 가리고 한자만을 보고 훈과 음을 읽는 연습을 합니다. 그런 다음에는 한자
를 가리고 훈과 음만을 보고 한자 쓰기 연습을 합니다.
무엇보다 자신의 실력을 인정하고 부족한 것부터 채워가는 노력이야말로 최고의 학습 방법입니다.

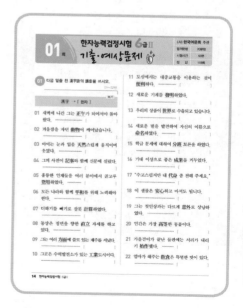

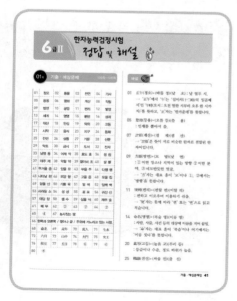

꾸준이의 일기

성적(成績)

오늘은 한자 시험을 치르는 날이었다.

"70점만 받으면 합격이다!" 그 정도 점수를 얻는 것은 그렇게 어려울 것 같지 않았다.

하지만 선생님께서 "성적은 쌓는 것이 아니라, 천을 짜는 것과 같은 것이다." 라고 하신 말씀이 생각났다.

오늘 점수 50점과 내일 점수 50점을 합친다고 해서 온전한 100점이 될 수 있는 것이 아니라는 말씀이셨다.

예를 들어, 100점이 '옷 한 벌을 지을 수 있는 천을 짠 것'이라면 70점은 같은 수고를 했으면서도 '옷 한 벌을 온전하게 지을 수 없어서 나중에 30점을 더해도 누더기 옷을 지을 수밖에 없다'는 것이다.

"아, 100점으로 합격해서 멋진 옷을 만들어 입고 싶다!!"

✔ '성적(成績)'은 '이룰 성(成)'자와 '길쌈 적(績)'자로 이루어진 한자어입니다. '길쌈 적(績)'자와 '쌓을 적(積)'자를 구별하세요!

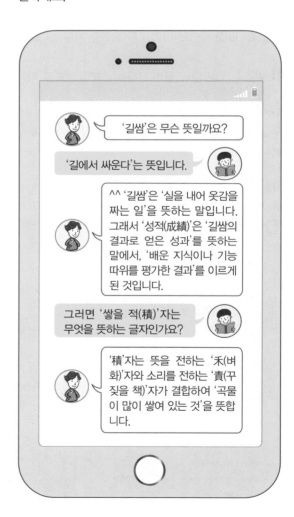

'길쌈'은 무슨 뜻일까요?

'길에서 싸운다'는 뜻입니다.

^^ '길쌈'은 '실을 내어 옷감을 짜는 일'을 뜻하는 말입니다. 그래서 '성적(成績)'은 '길쌈의 결과로 얻은 성과'를 뜻하는 말에서, '배운 지식이나 기능 따위를 평가한 결과'를 이르게 된 것입니다.

그러면 '쌓을 적(積)'자는 무엇을 뜻하는 글자인가요?

'積'자는 뜻을 전하는 '禾(벼 화)'자와 소리를 전하는 '責(꾸짖을 책)'자가 결합하여 '곡물이 많이 쌓여 있는 것'을 뜻합니다.

: 표는 長音, ‚표는 長·短音 漢字임

8급 배정한자

漢字	訓	音	부수·획수
教	가르칠	교 : 攴 – 총11획
校	학교學校	교 : 木 – 총10획
九	아홉	구 乙 – 총 2획
國	나라	국 口 – 총11획
軍	군사軍士/軍事	군 車 – 총 9획
金	쇠	금
	성姓	김 金 – 총 8획
南	남녘	남 十 – 총 9획
女	계집	녀 女 – 총 3획
年	해	년 干 – 총 6획
大	큰	대‚大 – 총 3획
東	동녘	동 木 – 총 8획
六	여섯	륙 八 – 총 4획
萬	일만	만 : 艸 – 총13획

漢字	訓	音	부수·획수
母	어미	모 : 母 – 총 5획
木	나무	목‚木 – 총 4획
門	문	문 門 – 총 8획
民	백성百姓	민 氏 – 총 5획
白	흰	백 白 – 총 5획
父	아비	부 父 – 총 4획
北	북녘	북
	달아날	배 匕 – 총 5획
四	넉	사 : 口 – 총 5획
山	메	산 山 – 총 3획
三	석	삼 一 – 총 3획
生	날	생
	낳을	생 生 – 총 5획
西	서녘	서 襾 – 총 6획
先	먼저	선 儿 – 총 6획

漢字	訓	音	부수·획수
小	작을	소 : 小 – 총 3획
水	물	수 水 – 총 4획
室	집	실 宀 – 총 9획
十	열	십 十 – 총 2획
五	다섯	오 : 二 – 총 4획
王	임금	왕 玉 – 총 4획
外	바깥	외 : 夕 – 총 5획
月	달	월 月 – 총 4획
二	두	이 : 二 – 총 2획
人	사람	인 人 – 총 2획
日	날	일 日 – 총 4획
一	한	일 一 – 총 1획
長	긴	장‚長 – 총 8획
弟	아우	제 : 弓 – 총 7획
中	가운데	중 丨 – 총 4획

靑	푸를	청	靑 – 총 8획
寸	마디	촌:	寸 – 총 3획
七	일곱	칠	一 – 총 2획
土	흙	토	土 – 총 3획
八	여덟	팔	八 – 총 2획
學	배울	학	子 – 총16획
韓	나라	한	
	한국韓國	한	韋 – 총17획
兄	형	형	儿 – 총 5획
火	불	화	火 – 총 4획

※ 8급은 모두 50자입니다. 8급 시험에서 한자쓰기 문제는 출제되지 않습니다. 하지만, 8급 한자는 모든 급수의 기초가 되므로 많이 읽고 그 쓰임에 대하여 알아보는 것이 중요합니다.

7급II 배정한자

家	집	가	宀 – 총10획
間	사이	간	門 – 총12획

江	강	강	水 – 총 6획
車	수레	거	
	수레	차	車 – 총 7획
空	빌[虛空]	공	穴 – 총 8획
工	장인匠人	공	工 – 총 3획
記	기록할	기	言 – 총10획
氣	기운氣運	기	气 – 총10획
男	사내	남	田 – 총 7획
內	안	내:	入 – 총 4획
農	농사農事	농	辰 – 총13획
答	대답對答	답	竹 – 총12획
道	길	도:	
	말할	도:	辶 – 총13획
動	움직일	동:	力 – 총11획
力	힘	력	力 – 총 2획
立	설	립	立 – 총 5획
每	매양每樣	매	母 – 총 7획

名	이름	명	口 – 총 6획
物	물건物件	물	牛 – 총 8획
方	모[四角]	방	方 – 총 4획
不	아닐	불	一 – 총 4획
事	일	사:	亅 – 총 8획
上	윗	상:	一 – 총 3획
姓	성姓	성:	女 – 총 8획
世	인간人間	세:	一 – 총 5획
手	손	수	手 – 총 4획
時	때	시	日 – 총10획
市	저자	시:	巾 – 총 5획
食	먹을	식	
	밥	사/식	食 – 총 9획
安	편안便安	안	宀 – 총 6획
午	낮	오:	十 – 총 4획
右	오를	우:	
	오른(쪽)	우:	口 – 총 5획

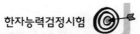

自	스스로	자	自 – 총 6획
子	아들	자	子 – 총 3획
場	마당	장	土 – 총12획
電	번개	전:	雨 – 총13획
前	앞	전	刀 – 총 9획
全	온전	전	入 – 총 6획
正	바를	정:	止 – 총 5획
足	발	족	足 – 총 7획
左	왼	좌:	工 – 총 5획
直	곧을	직	目 – 총 8획
平	평평할	평	干 – 총 5획
下	아래	하:	一 – 총 3획
漢	한수漢水	한:	
	한나라	한:	水 – 총14획
海	바다	해:	水 – 총10획
話	말씀	화	言 – 총13획
活	살[生活]	활	水 – 총 9획

孝	효도孝道	효:	子 – 총 7획
後	뒤	후:	彳 – 총 9획

※ 7급Ⅱ는 8급[50자]에 새로운 한자 50자를 더하여 모두 100자입니다. 7급Ⅱ에서 한자쓰기 문제는 출제되지 않습니다. 하지만, 7급Ⅱ에서 사용되는 한자는 앞으로 공부할 모든 급수에서 중요한 한자이므로 모두 쓸 수 있도록 학습하는 것이 좋습니다.

7급 배정한자

歌	노래	가	欠 – 총14획
口	입	구:	口 – 총 3획
旗	기	기	方 – 총14획
冬	겨울	동:	冫 – 총 5획
洞	골	동:	
	밝을	통:	水 – 총 9획
同	한가지	동	口 – 총 6획
登	오를[登壇]	등	癶 – 총12획
來	올	래:	人 – 총 8획
老	늙을	로:	老 – 총 6획
里	마을	리:	里 – 총 7획

林	수풀	림	木 – 총 8획
面	낯	면:	面 – 총 9획
命	목숨	명:	口 – 총 8획
文	글월	문	文 – 총 4획
問	물을	문:	口 – 총11획
百	일백	백	白 – 총 6획
夫	지아비	부	大 – 총 4획
算	셈	산:	竹 – 총14획
色	빛	색	色 – 총 6획
夕	저녁	석	夕 – 총 3획
所	바	소:	戶 – 총 8획
少	적을[젊을]	소:	小 – 총 4획
數	셈	수:	
	자주	삭	攴 – 총15획
植	심을	식	木 – 총12획
心	마음	심	心 – 총 4획
語	말씀	어:	言 – 총14획
然	그럴	연	火 – 총12획
有	있을	유:	月 – 총 6획
育	기를	육	肉 – 총 8획

邑 고을 읍 邑 - 총 7획
入 들 입 入 - 총 2획
字 글자 자 子 - 총 6획
祖 할아비 조 示 - 총 10획
住 살 주: 人 - 총 7획
主 임금 주
　 주인主人 주 丶 - 총 5획
重 무거울 중: 里 - 총 9획
地 땅[따] 지 土 - 총 6획
紙 종이 지 糸 - 총 10획
川 내 천 巛 - 총 3획
千 일천 천 十 - 총 3획
天 하늘 천 大 - 총 4획
草 풀 초 艸 - 총 10획
村 마을 촌: 木 - 총 7획
秋 가을 추 禾 - 총 9획
春 봄 춘 日 - 총 9획
出 날 출 凵 - 총 5획
便 편할 편▸ ※'편'만 장단음
　 똥오줌 변 人 - 총 9획
夏 여름 하: 夊 - 총 10획

花 꽃 화 艸 - 총 8획
休 쉴 휴 人 - 총 6획

※ 7급은 7급Ⅱ[100자]에 새로운 한자 50자
를 더하여 모두 150자입니다.
7급에서 한자쓰기 문제는 출제되지 않
습니다. 하지만 7급에서 사용되는 한자
는 앞으로 공부할 모든 급수에서 중요
한 한자이므로 모두 쓸 수 있도록 학습
하는 것이 좋습니다.

6급Ⅱ 배정한자

各 각각 각 口 - 총 6획
角 뿔 각 角 - 총 7획
計 셀 계: 言 - 총 9획
界 지경地境 계: 田 - 총 9획
高 높을 고 高 - 총 10획
功 공[功勳] 공 力 - 총 5획
公 공평할 공 八 - 총 4획
共 한가지 공: 八 - 총 6획
科 과목科目 과 禾 - 총 9획
果 실과實果 과: 木 - 총 8획
光 빛 광 儿 - 총 6획
球 공 구 玉 - 총 11획

今 이제 금 人 - 총 4획
急 급할 급 心 - 총 9획
短 짧을 단▸ 矢 - 총 12획
堂 집 당 土 - 총 11획
代 대신할 대: 人 - 총 5획
對 대할 대: 寸 - 총 14획
圖 그림 도 囗 - 총 14획
讀 읽을 독
　 구절句節 두 言 - 총 22획
童 아이 동▸ 立 - 총 12획
等 무리 등: 竹 - 총 12획
樂 즐길 락
　 노래 악
　 좋아할 요 木 - 총 15획
理 다스릴 리: 玉 - 총 11획
利 이할 리: 刀 - 총 7획
明 밝을 명 日 - 총 8획
聞 들을 문▸ 耳 - 총 14획
班 나눌 반 玉 - 총 10획
反 돌이킬 반: 又 - 총 4획
半 반 반: 十 - 총 5획

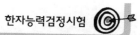

發	필	발	癶 – 총12획
放	놓을	방	攴 – 총 8획
部	떼[部類]	부	邑 – 총11획
分	나눌	분	刀 – 총 4획
社	모일	사	示 – 총 8획
書	글	서	曰 – 총10획
線	줄[針線]	선	糸 – 총15획
雪	눈	설	雨 – 총11획
省	살필	성	
	덜	생	目 – 총 9획
成	이룰	성	戈 – 총 7획
消	사라질	소	水 – 총10획
術	재주	술	行 – 총11획
始	비로소	시	女 – 총 8획
神	귀신鬼神	신	示 – 총10획
身	몸	신	身 – 총 7획
信	믿을	신	人 – 총 9획
新	새	신	斤 – 총13획
藥	약	약	艸 – 총19획
弱	약할	약	弓 – 총10획

業	업	업	木 – 총13획
勇	날랠	용	力 – 총 9획
用	쓸	용	用 – 총 5획
運	옮길	운	辶 – 총13획
音	소리	음	音 – 총 9획
飮	마실	음	食 – 총13획
意	뜻	의	心 – 총13획
昨	어제	작	日 – 총 9획
作	지을	작	人 – 총 7획
才	재주	재	手 – 총 3획
戰	싸움	전	戈 – 총16획
庭	뜰	정	广 – 총10획
題	제목題目	제	頁 – 총18획
第	차례	제	竹 – 총11획
注	부을	주	水 – 총 8획
集	모을	집	隹 – 총12획
窓	창	창	穴 – 총11획
淸	맑을	청	水 – 총11획
體	몸	체	骨 – 총23획
表	겉	표	衣 – 총 8획

風	바람	풍	風 – 총 9획
幸	다행多幸	행	干 – 총 8획
現	나타날[現象]	현	玉 – 총11획
形	모양	형	彡 – 총 7획
和	화할	화	口 – 총 8획
會	모일	회	曰 – 총13획

※ 6급Ⅱ는 7급[150자]에 새로운 한자 75
자를 더한 225자입니다.
단, 6급Ⅱ에서의 한자쓰기 문제는 8급
[50자]에서 출제됩니다.

✎ 한자는 서체에 따라 글자 모양이 달라
져 보이나 모두 정자로 인정됩니다.

[참고 漢字]

示 = 礻	靑 = 青
神(神) 祈(祈) 祝(祝) 祖(祖)	淸(清) 請(請) 晴(晴) 情(情)
糸 = 糹	飠 = 食
線(線) 經(經) 續(續) 紙(紙)	飮(飲) 飯(飯) 餘(餘) 飽(飽)
辶 = 辶	八 = ソ
送(送) 運(運) 遂(遂) 遵(遵)	尊(尊) 說(説) 曾(曾) 墜(墜)

시험에 꼭! 출제되는 꾸러미

★

🎯 한자의 훈[訓 : 뜻] · 음[音 : 소리]

한글은 말소리를 그대로 기호로 나타내는 소리글자이지만, 한자(漢字)는 각각의 글자가 언어의 소리와 상관없이 일정한 뜻을 나타내는 뜻글자입니다. 때문에 한자는 뜻과 소리를 함께 익혀야 그 뜻을 정확하게 전달할 수 있습니다.

敎 (가르칠 교 : 攴부 총11획) → '敎'자의 뜻[훈(訓)]은 '가르치다', 소리[음(音)]는 '교'입니다.

學 (배울 학 : 子부 총16획) → '學'자의 뜻[훈(訓)]은 '배우다', 소리[음(音)]는 '학'입니다.

★

🎯 한자의 획과 획수

획(劃)은 한자(漢字)를 이루고 있는 하나하나의 선(線)이나 점(點), 또는 한 번에 그은 줄이나 점을 말하고, 획수(劃數)는 한자를 이루고 있는 '획의 수'를 말합니다.

兄 (형 형 : 儿부 총5획) → '兄'자는 '口'자의 3획과 '儿'자의 2획이 합해져서 모두 5획입니다.

男 (사내 남 : 田부 총7획) → '男'자는 '田'자의 5획과 '力'자의 2획이 합해져서 모두 7획입니다.

★

🎯 한자의 획순

획순(劃順)은 한자(漢字)를 구성하고 있는 획을 쓰는 순서로, 필순(筆順)이라고도 합니다. 한자의 쓰기 학습은 획순이 매우 중요합니다. 왜냐하면 획순은 글자를 쓰는 차례이며 규칙이기 때문입니다. 차례와 규칙이 없다면 모든 것이 혼란스럽듯이 한자의 획순 또한 순서에 따라 바르게 익히지 않으면 글씨를 예쁘게 쓸 수 없는 것은 물론이고, 애쓰고 익힌 글자도 오래도록 기억할 수 없습니다.

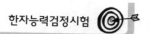

01   왼쪽에서부터 오른쪽으로 씁니다.

예 7급 川 내   천 : 巛부 총 3획 → ノ 丿 川

8급 北 북녘   북 : 匕부 총 5획 → ㅣ ㅑ ㅑ 北 北

7Ⅱ 物 물건   물 : 牛부 총 8획 → ノ ㅡ ㅑ 牛 牛 牜 物 物

7Ⅱ 姓 성   성 : 女부 총 8획 → く 夕 女 女 女 姓 姓 姓

7급 旗 기   기 : 方부 총14획 → ㆍ ㆍ ㅓ 方 方 方 旅 旅 旅 旗 旗 旗 旗

02   위에서부터 아래로 내려씁니다.

예 8급 三 석   삼 : 一부 총 3획 → ㅡ 二 三

8급 金 쇠   금 : 金부 총 8획 → ノ 人 스 스 今 슦 余 金

7급 花 꽃   화 : 艸부 총 8획 → ㅡ ㅑ ㅑ 艹 艹 花 花 花

8급 室 집   실 : 宀부 총 9획 → ㆍ ㆍ 宀 宀 宇 宏 宏 室 室

7Ⅱ 電 번개   전 : 雨부 총13획 → ㆍ 二 二 雨 雨 雨 雷 雷 雷 電 電 電 電

03   가로획과 세로획이 교차(交叉)할 때에는 가로획[一]을 먼저 쓰고, 세로획[丨]을 나중에 씁니다.

예 8급 十 열   십 : 十부 총 2획 → ㅡ 十

8급 寸 마디   촌 : 寸부 총 3획 → ㅡ 十 寸

8급 木 나무   목 : 木부 총 4획 → ㅡ 十 才 木

7Ⅱ 世 인간   세 : 一부 총 5획 → ㅡ 十 廿 世 世

7급 地 땅[따]   지 : 土부 총 6획 → ㅡ 十 土 圫 地 地

04   삐침[丿]과 파임[丶]이 서로 만날 때에는 삐침[丿]을 먼저 쓰고, 파임[丶]을 나중에 씁니다.

예 8급 人 사람   인 : 人부 총 2획 → ノ 人

8급 大 큰   대 : 大부 총 3획 → 一 ナ 大

8급 父 아비   부 : 父부 총 4획 → ノ ハ ク 父

7급 文 글월   문 : 文부 총 4획 → ヽ 亠 ナ 文

7II 後 뒤   후 : 彳부 총 9획 → ノ ク 彳 彳 纩 华 卷 後 後

---

05 안쪽 획을 감싸는 글자는 바깥쪽 획을 먼저, 안쪽 획을 중간에, 아래 획을 나중에 쓴 다음 안쪽 획이 밑으로 쏟아지지 않도록 잘 닫습니다.

예 8급 四 넉   사 : 口부 총 5획 → 丨 冂 冂 四 四

8급 國 나라   국 : 口부 총11획 → 丨 冂 冂 冂 同 同 同 國 國 國 國

7급 百 일백   백 : 白부 총 6획 → 一 一 ア 万 百 百

7II 直 곧을   직 : 目부 총 8획 → 一 十 广 ゟ 古 直 直 直

7급 面 낯   면 : 面부 총 9획 → 一 ア ゟ ゟ 币 而 而 面 面

---

06 가운데 획을 중심으로 대칭(對稱)을 이루는 글자는 가운데 획을 먼저 쓰고, 다음으로 왼쪽 획을 쓰고, 맨 나중에 오른쪽 획을 씁니다.

예 8급 山 메   산 : 山부 총 3획 → 丨 山 山

8급 小 작을   소 : 小부 총 3획 → 亅 小 小

7급 少 적을   소 : 小부 총 4획 → 亅 小 小 少

7급 出 날   출 : 凵부 총 5획 → 丨 屮 屮 出 出

6급 永 길   영 : 水부 총 5획 → ヽ 刁 方 永 永

---

07 글자 전체를 꿰뚫고 지나는 획은 맨 나중에 씁니다.

예 8급 母 어미   모 : 毋부 총 5획 → 乚 夃 母 母 母

8급 中 가운데 중 : 丨부 총 4획 → 丨 冂 口 中

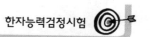
7Ⅱ 車 수레   거/차 : 車부 총 7획 → 一 ㄷ ㅏ 戸 百 亘 車

7Ⅱ 事 일   사 : 亅부 총 8획 → 一 ㄇ ㅁ 甼 写 写 事 事

7Ⅱ 海 바다   해 : 水부 총10획 → 丶 丶 氵 浐 浐 洰 海 海 海 海

08 　 글자의 오른쪽 위에 있는 점은 맨 나중에 씁니다.

예 6Ⅱ 代 대신할 대 : 人부 총 5획 → ノ イ 仁 代 代

6Ⅱ 成 이룰   성 : 戈부 총 7획 → ノ 厂 厈 万 成 成 成

6급 式 법   식 : 弋부 총 6획 → 一 二 〒 王 式 式

6Ⅱ 戰 싸움   전 : 戈부 총16획 → 丶 冂 日 吅 吅 吅 严 門 咢 咠 置 單 單 戰 戰 戰

5Ⅱ 識 알   식 : 言부 총19획 → 丶 二 亖 言 言 言 訁 訁 訁 訁 訊 諳 語 語
　　　　　　　　　　　　　　　　　語 訊 識 識

※ 주의! 받침 '辶'은 '辶'과 같은 글자입니다.

09 　 '走'자와 같은 받침이 있는 글자는 받침[走]을 먼저 씁니다.

예 4Ⅱ 起 일어날 기 : 走부 총10획 → 一 十 土 キ キ 走 走 起 起 起

10 　 '辶, 廴'와 같은 받침이 있는 글자는 받침[辶, 廴]을 나중에 씁니다.

예 7Ⅱ 道 길   도 : 辶부 총13획 → 丶 丷 丷 丷 产 芦 芦 首 首 首 首 道 道 道

6급 近 가까울 근 : 辶부 총 8획 → 一 厂 斤 斤 近 近 近 近

6급 速 빠를   속 : 辶부 총11획 → 一 ㄇ ㅁ 日 串 束 束 速 速 速

6급 遠 멀   원 : 辶부 총14획 → 一 十 土 吉 吉 声 吏 袁 袁 袁 遠 遠 遠

5급 建 세울   건 : 廴부 총 9획 → 丁 ㅋ ㅋ ㅋ 글 聿 聿 建 建

상대자 · 반대자

두 개의 글자가 서로 상대, 또는 반대되는 뜻을 가진 한자를 말합니다.

강	강 7Ⅱ	江 ↔ 山 8급 메	산	강산
높을	고 6Ⅱ	高 ↔ 下 7Ⅱ 아래	하	고하
가르칠	교 8급	敎 ↔ 學 8급 배울	학	교학
남녘	남 8급	南 ↔ 北 8급 북녘	북	남북
사내	남 7Ⅱ	男 ↔ 女 8급 계집	녀	남녀
안	내 7Ⅱ	內 ↔ 外 8급 바깥	외	내외
큰	대 8급	大 ↔ 小 8급 작을	소	대소
동녘	동 8급	東 ↔ 西 8급 서녘	서	동서
늙을	로 7급	老 ↔ 童 6Ⅱ 아이	동	노동
늙을	로 7급	老 ↔ 少 7급 적을	소	노소
어미	모 8급	母 ↔ 子 7Ⅱ 아들	자	모자
물을	문 7급	問 ↔ 答 7Ⅱ 대답	답	문답
물건	물 7Ⅱ	物 ↔ 心 7급 마음	심	물심
아비	부 8급	父 ↔ 母 8급 어미	모	부모
아비	부 8급	父 ↔ 子 7Ⅱ 아들	자	부자
메	산 8급	山 ↔ 川 7급 내	천	산천
메	산 8급	山 ↔ 海 7Ⅱ 바다	해	산해
윗	상 7Ⅱ	上 ↔ 下 7Ⅱ 아래	하	상하
손	수 7Ⅱ	手 ↔ 足 7Ⅱ 발	족	수족
마음	심 7급	心 ↔ 身 6Ⅱ 몸	신	심신

마음	심 7급	心 ↔ 體 6Ⅱ 몸	체	심체
사람	인 8급	人 ↔ 天 7급 하늘	천	인천
날	일 8급	日 ↔ 月 8급 달	월	일월
아들	자 7Ⅱ	子 ↔ 女 8급 계집	녀	자녀
어제	작 6Ⅱ	昨 ↔ 今 6Ⅱ 이제	금	작금
긴	장 8급	長 ↔ 短 6Ⅱ 짧을	단	장단
앞	전 7Ⅱ	前 ↔ 後 7Ⅱ 뒤	후	전후
바를	정 7Ⅱ	正 ↔ 反 6Ⅱ 돌이킬	반	정반
할아비	조 7급	祖 ↔ 孫 6급 손자	손	조손
왼	좌 7Ⅱ	左 ↔ 右 7Ⅱ 오른	우	좌우
가운데	중 8급	中 ↔ 外 8급 바깥	외	중외
하늘	천 7급	天 ↔ 地 7급 땅[따]	지	천지
봄	춘 7급	春 ↔ 秋 7급 가을	추	춘추
날	출 7급	出 ↔ 入 7급 들	입	출입
여름	하 7급	夏 ↔ 冬 7급 겨울	동	하동
배울	학 8급	學 ↔ 問 7급 물을	문	학문
바다	해 7Ⅱ	海 ↔ 空 7Ⅱ 빌	공	해공
형	형 8급	兄 ↔ 弟 8급 아우	제	형제
불	화 8급	火 ↔ 水 8급 물	수	화수
화할	화 6Ⅱ	和 ↔ 戰 6Ⅱ 싸움	전	화전

두 개의 글자가 서로 뜻이 비슷하거나 대등한 뜻을 가진 한자를 말합니다.

노래 가 7급 歌 – 樂 6Ⅱ 노래 악 가악

집 가 7Ⅱ 家 – 室 8급 집 실 가실

셀 계 6Ⅱ 計 – 算 7급 셈 산 계산

셀 계 6Ⅱ 計 – 數 7급 셈 수 계수

장인 공 7Ⅱ 工 – 作 6Ⅱ 지을 작 공작

한가지 공 6Ⅱ 共 – 同 7급 한가지 동 공동

빛 광 6Ⅱ 光 – 明 6Ⅱ 밝을 명 광명

빛 광 6Ⅱ 光 – 色 7급 빛 색 광색

집 당 6Ⅱ 堂 – 室 8급 집 실 당실

길 도 7Ⅱ 道 – 理 6Ⅱ 다스릴 리 도리

골 동 7급 洞 – 里 7급 마을 리 동리

한가지 동 7급 同 – 等 6Ⅱ 무리 등 동등

한가지 동 7급 同 – 一 8급 한 일 동일

글월 문 7급 文 – 書 6Ⅱ 글 서 문서

모 방 7Ⅱ 方 – 道 7Ⅱ 길 도 방도

모 방 7Ⅱ 方 – 正 7Ⅱ 바를 정 방정

모일 사 6Ⅱ 社 – 會 6Ⅱ 모일 회 사회

일 사 7Ⅱ 事 – 業 6Ⅱ 업 업 사업

셈 산 7급 算 – 數 7급 셈 수 산수

날 생 8급 生 – 活 7Ⅱ 살 활 생활

인간 세 7Ⅱ 世 – 代 6Ⅱ 대신할 대 세대

몸 신 6Ⅱ 身 – 體 6Ⅱ 몸 체 신체

옮길 운 6Ⅱ 運 – 動 7Ⅱ 움직일 동 운동

재주 재 6Ⅱ 才 – 術 6Ⅱ 재주 술 재술

바를 정 7Ⅱ 正 – 直 7Ⅱ 곧을 직 정직

모을 집 6Ⅱ 集 – 會 6Ⅱ 모일 회 집회

마을 촌 7급 村 – 里 7급 마을 리 촌리

날 출 7급 出 – 生 7Ⅱ 날 생 출생

흙 토 8급 土 – 地 7급 땅[따] 지 토지

편할 편 7급 便 – 安 7급 편안 안 편안

평평할 평 7Ⅱ 平 – 等 6Ⅱ 무리 등 평등

평평할 평 7Ⅱ 平 – 安 7Ⅱ 편안 안 평안

평평할 평 7Ⅱ 平 – 和 6Ⅱ 화할 화 평화

각각	각 各 ≠ 名 이름	명	큰	대 大 ≠ 太 클	태
수레	거/차 車 ≠ 東 동녘	동	동녘	동 東 ≠ 束 묶을	속
공	공 功 ≠ 攻 칠	공	한가지	동 同 ≠ 洞 골	동
한가지	공 共 ≠ 典 법	전	오를	등 登 ≠ 發 필	발
과목	과 科 ≠ 料 헤아릴	료	올	래 來 ≠ 平 평평할	평
실과	과 果 ≠ 東 동녘	동	힘	력 力 ≠ 九 아홉	구
빛	광 光 ≠ 先 먼저	선	늙을	로 老 ≠ 孝 효도	효
가르칠	교 敎 ≠ 校 학교	교	매양	매 每 ≠ 母 어미	모
공	구 球 ≠ 救 구원할	구	나무	목 木 ≠ 水 물	수
군사	군 軍 ≠ 車 수레	거/차	물을	문 問 ≠ 聞 들을	문
이제	금 今 ≠ 令 하여금	령	백성	민 民 ≠ 氏 각시	씨
쇠	금 金 ≠ 全 온전	전	나눌	반 班 ≠ 斑 아롱질	반
기	기 旗 ≠ 族 겨레	족	반	반 半 ≠ 牛 소	우
안	내 內 ≠ 丙 남녘	병	일백	백 百 ≠ 白 흰	백
계집	녀 女 ≠ 安 편안	안	지아비	부 夫 ≠ 天 하늘	천
농사	농 農 ≠ 晨 새벽	신	아비	부 父 ≠ 交 사귈	교
대신할	대 代 ≠ 伐 칠	벌	북녘	북 北 ≠ 比 견줄	비

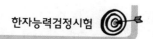

아닐	불 不 ≠ 下 아래	하	
넉	사 四 ≠ 西 서녘	서	
모일	사 社 ≠ 杜 막을	두	
메	산 山 ≠ 出 날	출	
윗	상 上 ≠ 土 흙	토	
빛	색 色 ≠ 邑 고을	읍	
글	서 書 ≠ 晝 낮	주	
눈	설 雪 ≠ 雲 구름	운	
작을	소 小 ≠ 少 적을	소	
손	수 手 ≠ 毛 털	모	
저자	시 市 ≠ 巾 수건	건	
새	신 新 ≠ 親 친할	친	
말씀	어 語 ≠ 話 말씀	화	
낮	오 午 ≠ 牛 소	우	
임금	왕 王 ≠ 玉 구슬	옥	
임금	왕 王 ≠ 主 임금	주	
쓸	용 用 ≠ 冊 책	책	
오른쪽	우 右 ≠ 左 왼	좌	

마실	음 飲 ≠ 飯 밥	반	
사람	인 人 ≠ 入 들	입	
날	일 日 ≠ 曰 가로	왈	
어제	작 昨 ≠ 作 지을	작	
긴	장 長 ≠ 辰 별	진	
재주	재 才 ≠ 寸 마디	촌	
아우	제 弟 ≠ 第 차례	제	
살	주 住 ≠ 注 부을	주	
가운데	중 中 ≠ 申 납	신	
무거울	중 重 ≠ 里 마을	리	
일천	천 千 ≠ 干 방패	간	
마을	촌 村 ≠ 材 재목	재	
일곱	칠 七 ≠ 匕 비수	비	
흙	토 土 ≠ 士 선비	사	
여덟	팔 八 ≠ 人 사람	인	
평평할	평 平 ≠ 乎 어조사	호	
다행	행 幸 ≠ 辛 매울	신	
모양	형 形 ≠ 刑 형벌	형	

한자성어 · 사자성어 · 고사성어

- 漢字成語란 우리말의 속담이나 격언 등을 한자로 옮겨 쓴 것을 말합니다.
- 四字成語란 우리말 중에서 4음절로 이루어진 한자어 낱말을 이르는 말입니다.
- 故事成語란 옛날부터 전해 내려오는 내력이 있는 일을 표현한 어구로써 옛사람들이 만든 말을 뜻합니다.

● 各人各色 각인각색
사람마다 각각 다름.

● 共同生活 공동생활
일정한 시간과 공간에서 여럿이 서로 도우며 사는 생활.

● 公明正大 공명정대
하는 일이나 행동에 사사로움이 없이 떳떳하고 바름.

● 男女老少 남녀노소
남자와 여자, 늙은이와 젊은이. 모든 사람.

● 老少同樂 노소동락
늙은이와 젊은이가 함께 즐김.

● 大明天地 대명천지
아주 환하게 밝은 세상.

● 東問西答 동문서답
물음과는 전혀 상관없는 엉뚱한 대답. 문동답서 (問東答西).

● 萬民平等 만민평등
모든 백성이 차별이 없이 동등함.

● 門前成市 문전성시
'집 문 앞이 시장을 이룬다'는 뜻에서, '찾아오는 사람이 많음'을 이르는 말.

● 百年大計 백년대계
먼 앞날까지 미리 내다보고 세우는 크고 중요한 계획.

● 白面書生 백면서생
한갓 글만 읽어서 세상일에 전혀 경험이 없는 사람.

● 百發百中 백발백중
'백 번 쏘아 백 번 맞힌다'는 뜻에서, '무슨 일이나 틀림없이 잘 들어맞음'을 이르는 말.

● 父子有親 부자유친
'아버지와 아들의 도리는 친애(親愛)함에 있음'을 이르는 말.

● 不老長生 불로장생
늙지 아니하고 오래 삶. 장생불로(長生不老).

● 四方八方 사방팔방
여기저기 모든 방향이나 방면.

● 山高水長 산고수장
'산은 높고 강은 길게 흐른다'는 뜻으로, '인자(仁者)나 군자의 덕행이 한없이 오래 전하여 짐'을 이르는 말.

● 山戰水戰 산전수전
'산에서도 싸우고 물에서도 싸웠다'는 뜻으로, '세상일의 온갖 고난을 겪은 경험'을 이르는 말.

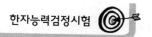

• 山川草木 산천초목

산과 내와 풀과 나무.

• 信用社會 신용사회

틀림이 없을 것으로 믿어 의심하지 않는 인간의 집단.

• 身土不二 신토불이

'몸과 땅은 둘이 아니고 하나'라는 뜻에서, '자기가 사는 땅에서 생산한 농산물이라야 체질에 잘 맞음'을 이르는 말.

• 十中八九 십중팔구

'열 가운데 여덟이나 아홉 정도'라는 말에서, '거의 대부분이거나 거의 틀림없음'을 이르는 말.

• 安心立命 안심입명

(불교에서) '믿음으로 마음의 편안함을 얻어 하찮은 일에 마음이 흔들리지 않는 경지'를 이르는 말.

• 樂山樂水 요산요수

산과 물을 좋아함. 자연을 사랑함.

• 人事不省 인사불성

제 몸에 벌어지는 일을 모를 만큼 정신을 잃은 상태.

• 一長一短 일장일단

장점도 있고 단점도 있음.

• 子孫萬代 자손만대

오래도록 내려오는 여러 대. 세세손손(世世孫孫). 대대손손(代代孫孫).

• 自手成家 자수성가

물려받은 재산이 없이 자기 혼자의 힘으로 집안을 일으키고 재산을 모음.

• 自由自在 자유자재

자기 뜻대로 모든 것이 자유롭고 거침이 없음.

• 作心三日 작심삼일

마음먹은 것이 사흘을 가지 못함. 결심이 굳지 못함.

• 天下第一 천하제일

세상에 견줄 만한 것이 없이 최고임.

• 淸風明月 청풍명월

맑은 바람과 밝은 달. 풍월(風月).

• 草家三間 초가삼간

'세 칸의 초가'라는 뜻에서 '아주 작은 집'을 이르는 말.

• 春夏秋冬 춘하추동

'봄·여름·가을·겨울'의 네 계절.

• 土木工事 토목공사

땅과 하천 따위를 고쳐 만드는 공사.

• 八道江山 팔도강산

팔도의 강산. 우리나라의 강산.

• 花朝月夕 화조월석

'꽃 피는 아침과 달 밝은 밤'이라는 뜻에서, '경치가 좋은 시절'을 이르는 말.

(사) **한국어문회** 주관

한자능력
검정시험

예상문제 **6**급 II

▷ 1회 ~ 10회

정답과 해설은 97 ~ 111쪽에 있습니다.

01 다음 밑줄 친 漢字語의 讀音을 쓰세요.

01~32번

| 보기 |

漢字 → [한자]

01 그는 엄한 <u>家庭</u>에서 자랐다.
··· [   ]

02 녹용은 <u>名藥</u>으로 알려졌다.
··· [   ]

03 상대편은 방해<u>工作</u>을 폈다.
··· [   ]

04 지후가 우리반 대표로 시합에 <u>出戰</u>하였다.
··· [   ]

05 이 시조의 <u>主題</u>는 전원생활이다.
··· [   ]

06 친구들과 <u>農村</u>체험에 다녀왔다.
··· [   ]

07 태양<u>光線</u>으로 전기를 만들었다.
··· [   ]

08 인구가 도시로 <u>集中</u>되고 있다.
··· [   ]

09 두 팀의 실력은 <u>對等</u>하였다.
··· [   ]

10 가을 <u>體育</u>대회가 열렸다.
··· [   ]

11 그의 얼굴에는 <u>和氣</u>가 돌았다.
··· [   ]

12 그는 몸을 <u>直角</u>으로 굽혀 인사를 하였다.
··· [   ]

13 식물의 <u>成長</u>을 관찰하였다.
··· [   ]

14 자원을 잘 <u>運用</u>하여야 한다.
··· [   ]

15 구조대원들이 <u>現場</u>에 도착하였다.
··· [   ]

16 늙은이와 젊은이가 <u>同樂</u>하였다.
··· [   ]

17 정부는 <u>北韓</u>에 식량을 지원하였다.
··· [   ]

18 무궁화는 우리나라 <u>各地</u>에서 자란다.
··· [   ]

19 자신의 <u>分數</u>에 맞게 살아야 한다.
··· [   ]

20 매일 아침 <u>食前</u>에 운동을 한다.
··· [   ]

21 어른들은 선현이를 <u>才童</u>이라고 하였다.
··· [   ]

22 적은 <u>放心</u>한 틈을 타서 공격했다.
··· [   ]

23 산꼭대기에는 아직 **白雪**이 쌓여 있다.
   ………………………… [   ]

24 시끄럽게 떠들던 친구는 선생님의 **注意**를 받았다. ………… [   ]

25 물체를 **平面**으로 잘라보았다.
   ………………………… [   ]

26 저축한 돈의 **利子**가 해마다 늘었다.
   ………………………… [   ]

27 친구 집에서 하룻밤 **身世**를 지기로 하였다.
   ………………………… [   ]

28 우리는 같은 **祖上**을 가진 단일민족이다.
   ………………………… [   ]

29 전철에서 **老弱**자에게 자리를 양보하였다.
   ………………………… [   ]

30 해질 무렵 **下旗**식을 알리는 나팔소리가 울려 퍼졌다. ………… [   ]

31 날씨는 **今時**라도 비가 쏟아질 것만 같았다.
   ………………………… [   ]

32 그는 **正午**가 지나서야 도착했다.
   ………………………… [   ]

02 다음 漢字의 訓(훈;뜻)과 音(음;소리)을 쓰세요.
   33~61번

보기
花 → [꽃 화]

33 夏 [   ]   34 神 [   ]

35 窓 [   ]   36 來 [   ]

37 球 [   ]   38 部 [   ]

39 安 [   ]   40 會 [   ]

41 重 [   ]   42 反 [   ]

43 電 [   ]   44 理 [   ]

45 社 [   ]   46 事 [   ]

47 動 [   ]   48 便 [   ]

49 聞 [   ]   50 堂 [   ]

51 全 [   ]   52 計 [   ]

53 短 [   ]   54 勇 [   ]

55 語 [   ]   56 班 [   ]

57 歌 [   ]   58 術 [   ]

59 記 [   ]   60 金 [   ]

61 明 [   ]

03 다음 漢字의 색이 다른 획은 몇 번째 쓰는지 |보기|에서 찾아 그 번호를 쓰세요. 62~64번

	보기
① 첫 번째 ② 두 번째 ③ 세 번째	
④ 네 번째 ⑤ 다섯 번째 ⑥ 여섯 번째	

62 先 ………… [   ]

63 内 ………… [   ]

64  ………… [   ]

04 다음 낱말을 漢字로 쓰세요.   65~69번

65 화산(땅속의 가스나 용암이 터져 나오는 현상) ………… [   ]

66 왕국(임금이 다스리는 나라) ………… [   ]

67 만민(모든 백성. 온 국민) ………… [   ]

68 수군(바다에서 싸우는 군대) ………… [   ]

69 삼촌(아버지의 형제) ………… [   ]

05 다음 밑줄 친 낱말을 漢字로 쓰세요. 70~74번

70 입장료는 **대인** 500원, 소인 300원이었다. ………… [   ]

71 등굣길에 **선생**님을 만났다. ………… [   ]

72 새 학기에는 많은 **부형**들이 학교를 찾아 옵니다. ………… [   ]

73 코스모스 꽃길은 **학교** 가는 길 ………… [   ]

74 한글날은 **시월** 구일입니다. ………… [   ]

06 다음 중 뜻이 서로 반대(상대)되는 漢字끼리 연결되지 않은 것을 고르세요. 75~76번

75 [   ] ① 先 ↔ 後 ② 內 ↔ 外
③ 春 ↔ 冬 ④ 男 ↔ 女

76 [   ] ① 文 ↔ 書 ② 海 ↔ 空
③ 左 ↔ 右 ④ 昨 ↔ 今

07 다음 ( ) 안에 들어갈 알맞은 漢字를 |보기|에서 찾아 번호를 쓰세요. 77~78번

|보기|
① 東   ② 業   ③ 室   ④ 年

77 가난한 소(   )은 정직하였습니다. ………… [   ]

78 고사장 입(   ) 시간을 지켜야 합니다. ………… [   ]

08 다음 漢字語의 알맞은 뜻을 쓰세요. 79~80번

79 自立 : [   ]

80 消音 : [   ]

01 다음 밑줄 친 漢字語의 讀音을 쓰세요.

01~32번

| 보기 |

漢字 → [한자]

01 그곳은 교통 <u>立地</u> 조건이 좋다.
·················· [   ]

02 그는 물러날 <u>氣色</u>이 아니었다.
·················· [   ]

03 제주도의 한라산은 <u>休火山</u>이다.
·················· [   ]

04 방과 후에 <u>西部</u>영화를 보았다.
·················· [   ]

05 물시계는 우리나라의 <u>科學</u> 문화재이다.
·················· [   ]

06 이 작품은 금세기 최고의 <u>力作</u>이다.
·················· [   ]

07 저는 매일 밤 <u>日記</u>를 씁니다.
·················· [   ]

08 달리는 <u>車窓</u> 밖으로 폭우가 쏟아집니다.
·················· [   ]

09 기대 이상의 <u>成果</u>를 올렸다.
·················· [   ]

10 마을 <u>里長</u>님 댁에 심부름을 다녀왔다.
·················· [   ]

11 논술 공부에 <u>新聞</u> 사설을 참고하였다.
·················· [   ]

12 선물로 세계문학<u>全集</u>을 받았다.
·················· [   ]

13 가정<u>教育</u>을 엄하게 받았다.
·················· [   ]

14 보리들이 <u>海風</u>에 물결치고 있다.
·················· [   ]

15 잘못을 <u>正直</u>하게 고백하였다.
·················· [   ]

16 친구의 잘못을 <u>面前</u>에서 말하지 못했다.
·················· [   ]

17 빚을 모두 <u>清算</u>했다.
·················· [   ]

18 안에서 <u>音樂</u> 소리가 흘러나왔다.
·················· [   ]

19 바람을 <u>利用</u>해 풍차를 돌린다.
·················· [   ]

20 모두 한 마음으로 <u>同體</u>가 되었다.
·················· [   ]

21 그는 나보다 <u>高手</u>이다.
·················· [   ]

22 자유와 <u>平和</u>를 간절히 바랐다.
·················· [   ]

23 서울 근교에는 원예農業이 활발하다.
　　 .... [　　　　]

24 그는 상대를 **便安**하게 해준다.
　　 .... [　　　　]

25 이번 일에 민족의 **運命**이 걸려 있다.
　　 .... [　　　　]

26 아픈 친구를 **代身**해 당번을 하였다.
　　 .... [　　　　]

27 그 이야기는 한동안 **話題**가 되었다.
　　 .... [　　　　]

28 각자 **反對** 의견을 말하였다.
　　 .... [　　　　]

29 그녀는 **每事**에 빈틈이 없었다.
　　 .... [　　　　]

30 편안한 **老後**생활을 설계하였다.
　　 .... [　　　　]

31 그들은 평화를 지킨다는 **名分**으로 많은 것을
　　 파괴하였다. .... [　　　　]

32 첫줄에는 두 글자 정도 들어갈 수 있는
　　 空白을 두었다. ...... [　　　　]

02 다음 漢字의 訓(훈;뜻)과 音(음;소리)을 쓰세요.
　　　　　　　　　　　　　　　33~61번

보기
字 → [글자 자]

33 市 [　　　　] **34** 圖 [　　　　]

35 幸 [　　　　] **36** 植 [　　　　]

37 然 [　　　　] **38** 草 [　　　　]

39 明 [　　　　] **40** 各 [　　　　]

41 放 [　　　　] **42** 急 [　　　　]

43 業 [　　　　] **44** 雪 [　　　　]

45 洞 [　　　　] **46** 形 [　　　　]

47 場 [　　　　] **48** 飮 [　　　　]

49 方 [　　　　] **50** 現 [　　　　]

51 社 [　　　　] **52** 共 [　　　　]

53 術 [　　　　] **54** 半 [　　　　]

55 表 [　　　　] **56** 邑 [　　　　]

57 間 [　　　　] **58** 消 [　　　　]

59 萬 [　　　　] **60** 寸 [　　　　]

61 發 [　　　　]

03 다음 漢字의 색이 다른 획은 몇 번째 쓰는지
|보기|에서 찾아 그 번호를 쓰세요. 62~64번

			보기
① 첫 번째	② 두 번째	③ 세 번째
④ 네 번째	⑤ 다섯 번째	⑥ 여섯 번째
⑦ 일곱 번째	⑧ 여덟 번째	⑨ 아홉 번째

62 冬 .... [　　　　]

63 不 .... [　　　　]

64 秋 ············ [   ]

04 다음 낱말을 漢字로 쓰세요.   65~69번

65 만금(아주 많은 돈)
   ···························· [   ]

66 대왕(훌륭하고 뛰어난 임금)
   ···························· [   ]

67 군민(군인과 민간인)
   ···························· [   ]

68 실외(방이나 건물의 밖)
   ···························· [   ]

69 부녀(아버지와 딸)
   ···························· [   ]

05 다음 밑줄 친 낱말을 漢字로 쓰세요.   70~74번

70 최근에는 **한·중** 간에 무역거래가 활발
   합니다. ··········· [   ]

71 고구려의 **국토**는 광개토대왕이 넓혀 갔
   습니다. ··········· [   ]

72 온 국민이 **남북**의 만남을 환영합니다.
   ···························· [   ]

73 그는 언제나 낡은 **청**바지를 입고 다녔다.
   ···························· [   ]

74 매미는 짧은 **일생** 동안 노래를 부릅니다.
   ···························· [   ]

06 다음 중 뜻이 서로 반대(상대)되는 漢字끼리 연결되지 않은 것을 고르세요.   75~76번

75 [   ] ① 上 ↔ 下   ② 母 ↔ 子
              ③ 昨 ↔ 今   ④ 祖 ↔ 夫

76 [   ] ① 物 ↔ 心   ② 問 ↔ 答
              ③ 天 ↔ 小   ④ 老 ↔ 童

07 다음 (   ) 안에 들어갈 알맞은 漢字를 |보기|에서 찾아 번호를 쓰세요.   77~78번

|보기|
① 內   ② 入   ③ 公   ④ 共

77 삽살개와 함께 동(   )를 산책하였습니다. ··············· [   ]

78 회비는 (   )금이기 때문에 함부로 쓸 수 없습니다. ··········· [   ]

08 다음 漢字語의 알맞은 뜻을 쓰세요. 79~80번

79 登校 : [   ]

80 所重 : [   ]

03회

한자능력검정시험 6급 II
예상문제

(사) 한국어문회 주관	
합격문항	56문항
시험시간	50분
정 답	100쪽

01 다음 밑줄 친 漢字語의 讀音을 쓰세요.

01~32번

|보기|

漢字 → [한자]

01 세상은 **公平**하다고 생각합니다.
[   ]

02 소설은 **昨今**의 세태를 풍자합니다.
[   ]

03 그곳은 가난한 **村里**였습니다.
[   ]

04 반주에 맞추어 힘차게 **校歌**를 불렀다.
[   ]

05 청소년 **問題**에 대하여 상담하였다.
[   ]

06 우리 팀의 **一方**적인 승리로 끝났다.
[   ]

07 임시로 천막 **敎室**이 만들어졌다.
[   ]

08 자신의 **不足**한 점을 돌아보아야 한다.
[   ]

09 그곳은 **海上**교통의 요지입니다.
[   ]

10 절에서 **便所**는 먼 곳에 있었습니다.
[   ]

11 스포츠 **短信**을 전하였다.
[   ]

12 그의 말은 **全部** 거짓이었다.
[   ]

13 시험성적 **等數**가 발표되었다.
[   ]

14 현충일에는 **半旗**를 달아야 한다.
[   ]

15 자신의 감정을 솔직하게 **表現**했다.
[   ]

16 숭례문은 도성의 남쪽 **正門**이다.
[   ]

17 안내원은 차분한 목소리로 설명하기 **始作**했다.
[   ]

18 주말에 봉사**活動**을 하였다.
[   ]

19 폐수를 몰래 버린 **業主**들이 구속되었다.
[   ]

20 옳지 못한 **外來**문화를 막아야 한다.
[   ]

21 잡은 물고기를 **放生**하였다.
[   ]

22 적군이 쳐들어왔다는 **急電**이 날아왔다.
[   ]

23 왕은 **春秋**가 어렸으나 강인하였다.
[   ]

24 할아버지는 고향에서 **自然**과 더불어 살아가신다.
[   ]

25 무슨 일인지 **身手**가 훤해 보였다.
.... [   ]

26 고속도로가 **直線**으로 뻗어있다.
.... [   ]

27 6·25 **戰後** 60여 년이 흘렀다.
.... [   ]

28 그녀는 **高音**으로 노래를 불렀다.
.... [   ]

29 오늘은 **同窓**모임이 있습니다.
.... [   ]

30 개막전에서 **先發**로 뛰었다.
.... [   ]

31 그것은 종류가 많아서 다양한 이름으로 **命名**되고 있다. ...... [   ]

32 책은 사람의 마음을 **成長**시킨다.
.... [   ]

02 다음 漢字의 訓(훈;뜻)과 音(음;소리)을 쓰세요.
33~61번

보기
字 → [글자 자]

33 邑[   ]   **34** 登[   ]

35 堂[   ]   **36** 面[   ]

37 理[   ]   **38** 記[   ]

39 色[   ]   **40** 明[   ]

41 出[   ]   **42** 物[   ]

43 休[   ]   **44** 飮[   ]

45 雪[   ]   **46** 各[   ]

47 世[   ]   **48** 花[   ]

49 場[   ]   **50** 庭[   ]

51 注[   ]   **52** 工[   ]

53 韓[   ]   **54** 林[   ]

55 運[   ]   **56** 弱[   ]

57 果[   ]   **58** 算[   ]

59 童[   ]   **60** 話[   ]

61 會[   ]

03 다음 漢字의 색이 다른 획은 몇 번째 쓰는지 |보기|에서 찾아 그 번호를 쓰세요. 62~64번

보기
① 첫 번째   ② 두 번째   ③ 세 번째
④ 네 번째   ⑤ 다섯 번째   ⑥ 여섯 번째
⑦ 일곱 번째   ⑧ 여덟 번째

62 足 .... [   ]

63 長 .... [   ]

64 代 .... [   ]

04 다음 밑줄 친 낱말을 漢字로 쓰세요. 65~69번

65 매월 국민**연금**을 납부하고 있다.
.... [   ]

66 지중해 연안의 서남아시아 및 이집트를 포함한 지역을 **중동**이라고 한다.
.... [   ]

67 온 가족이 모여 앉아 **일일**연속극을 보았다.
.... [   ]

68 우리는 사이좋은 **형제**라고 늘 칭찬을 듣는다. .... [   ]

69 맑은 물이 **청산**을 끼고 돌아 마을 앞을 흘러간다. .... [   ]

05 다음 문장의 밑줄 친 낱말에 알맞은 漢字를 |보기|에서 찾아 그 번호를 쓰세요. 70~74번

|보기|
① 兄便 ② 道書 ③ 時代 ④ 圖書
⑤ 用意 ⑥ 形便 ⑦ 勇氣 ⑧ 時大

70 적을 막아내려면 우선 적의 **형편**부터 알아야 한다. .... [   ]

71 에디슨이 전구를 발명하여 새 **시대**를 열었다. .... [   ]

72 어려운 문제는 **용기**를 내어 다시 풀어보기로 하였다. .... [   ]

73 책을 '**도서**'라고 부르기도 한다.
.... [   ]

74 회장 선거에 출마할 **용의**를 밝혔다.
.... [   ]

06 다음 중 뜻이 서로 반대(상대)되는 漢字끼리 연결되지 않은 것을 고르세요. 75~76번

75 [   ] ① 祖 ↔ 夫 ② 日 ↔ 月
③ 夏 ↔ 冬 ④ 南 ↔ 北

76 [   ] ① 子 ↔ 女 ② 左 ↔ 右
③ 天 ↔ 地 ④ 心 ↔ 安

07 다음 ( ) 안에 들어갈 알맞은 漢字를 |보기|에서 찾아 번호를 쓰세요. 77~78번

|보기|
① 立   ② 老   ③ 孝   ④ 學

77 현충일에 할아버지와 함께 국( )묘지를 참배하였습니다. ..... [   ]

78 오늘은 ( )예회가 있는 날입니다.
.... [   ]

08 다음 밑줄 친 漢字語의 뜻을 쓰세요. 79~80번

79 잘못에 대해 **反省**을 하였다.
: [   ]

80 **風力**을 이용한 발전소가 세워졌다.
: [   ]

01 다음 밑줄 친 漢字語의 讀音을 쓰세요.

01~32번

| 보기 |

漢字 → [한자]

01 그는 <u>話術</u>이 뛰어납니다.

.... [   ]

02 여름이 시작되는 시기를 <u>立夏</u>라고 합니다.

.... [   ]

03 어두워서 <u>事物</u>을 구분할 수 없다.

.... [   ]

04 어머니께서는 정원에 <u>花草</u>를 가꿉니다.

.... [   ]

05 3월에는 <u>新入</u>생들이 들어옵니다.

.... [   ]

06 홍수 대비에 <u>萬全</u>을 기하였다.

.... [   ]

07 은행 <u>窓口</u>는 사람들로 붐볐다.

.... [   ]

08 로켓엔진을 <u>自體</u> 개발하였다.

.... [   ]

09 경찰은 도난 차를 <u>車主</u>에게 돌려주었다.

.... [   ]

10 어려서 <u>登科</u>하여 재상이 되었다.

.... [   ]

11 평소보다 서둘러 <u>出發</u>하였다.

.... [   ]

12 산 너머 <u>南村</u>에서 봄바람이 불어옵니다.

.... [   ]

13 첨단산업을 개발하고 <u>育成</u>해야 합니다.

.... [   ]

14 벚꽃이 <u>十里</u> 길에 만발하였다.

.... [   ]

15 친구의 편지에 <u>答信</u>을 보냈다.

.... [   ]

16 학생들의 <u>男女</u> 비율은 반반이다.

.... [   ]

17 원반 모양의 세계<u>地圖</u>를 만들었다.

.... [   ]

18 그는 <u>算數</u>를 잘한다.

.... [   ]

19 여동생의 남편을 '<u>弟夫</u>'라고 합니다.

.... [   ]

20 그 도시는 <u>工業</u>이 발달했다.

.... [   ]

21 소문은 삽시간에 <u>邑內</u>까지 퍼졌다.

.... [   ]

22 그는 <u>不正</u>한 일을 일삼았다.

.... [   ]

23 메달 **集計**에서 5위를 하였다.
   .... [   ]

24 학생들에게 **讀書**를 권하였다.
   .... [   ]

25 프린트 **用紙**가 부족하다.
   .... [   ]

26 시침과 분침이 **直角**을 이루고 있다.
   .... [   ]

27 온 마을에 흥겨운 **農樂**이 울려 퍼졌다.
   .... [   ]

28 그는 **急所**를 찌른 질문에 당황하였다.
   .... [   ]

29 **東便**으로 뻗은 가지에 꽃망울이 맺혔다.
   .... [   ]

30 오래된 **家電**제품을 새로 구입하였다.
   .... [   ]

31 '서투른 **木手**가 연장을 나무란다'라는 속
   담이 있다. .... [   ]

32 연어는 알을 낳기 위해 **母川**으로 돌아오
   는 습성이 있다. ..... [   ]

02 다음 漢字의 訓(훈;뜻)과 音(음;소리)을 쓰세요.
   33~61번

|보기|
漢 → [한수 한]

33 市 [   ]   34 功 [   ]

35 等 [   ]   36 同 [   ]

37 食 [   ]   38 名 [   ]

39 才 [   ]   40 林 [   ]

41 少 [   ]   42 祖 [   ]

43 飮 [   ]   44 勇 [   ]

45 題 [   ]   46 幸 [   ]

47 公 [   ]   48 界 [   ]

49 堂 [   ]   50 部 [   ]

51 表 [   ]   52 庭 [   ]

53 作 [   ]   54 旗 [   ]

55 弱 [   ]   56 然 [   ]

57 半 [   ]   58 重 [   ]

59 千 [   ]   60 九 [   ]

61 線 [   ]

03 다음 漢字의 색이 다른 획은 몇 번째 쓰는지
   |보기|에서 찾아 그 번호를 쓰세요. 62~64번

|보기|
① 첫 번째   ② 두 번째   ③ 세 번째
④ 네 번째   ⑤ 다섯 번째   ⑥ 여섯 번째

62 出 .... [   ]

63 字 ············· [　　　　]

64 四 ············· [　　　　]

04 다음 중 뜻이 서로 반대(상대)되는 漢字끼리 연결되지 않은 것을 고르세요. 65~66번

65 [　　　] ① 物 ↔ 心　② 前 ↔ 後
③ 天 ↔ 下　④ 和 ↔ 戰

66 [　　　] ① 春 ↔ 冬　② 老 ↔ 童
③ 昨 ↔ 今　④ 江 ↔ 山

05 다음 밑줄 친 漢字語의 뜻을 쓰세요. 67~68번

67 지진 피해로 임시 **休校**를 결정하였다.
: [　　　　　　　　　]

68 어려울 것 같던 문제가 **意外**로 쉽게 풀렸다.
: [　　　　　　　　　]

06 다음 (　) 안에 들어갈 알맞은 漢字를 |보기|에서 찾아 번호를 쓰세요. 69~70번

|보기|
① 消　② 文　③ 聞　④ 所　⑤ 小

69 그는 좋은 꿈을 꾸어서인지 많은 이(　) 을 남겼다. ············· [　　　　]

70 난로 가에 (　)화 장비를 갖추었다.
························· [　　　　]

07 다음 밑줄 친 漢字語를 漢字로 쓰세요. 71~80번

71 오늘 선생님께서 **일일**이 숙제 검사를 하셨다. ················· [　　　　]

72 삼촌은 씩씩한 **군인**이 되었습니다.
························· [　　　　]

73 자랑스러운 **한국**인이 되겠습니다.
························· [　　　　]

74 집집마다 **대문**에 국기를 달았다.
························· [　　　　]

75 '**이월**에 김칫독 터진다'는 말처럼 추위가 만만치 않다. ············· [　　　　]

76 "임금께서는 **선왕**의 업적을 이어가십시오."
························· [　　　　]

77 저는 집안의 **장녀**입니다.
························· [　　　　]

78 모두들 **교실**을 예쁘게 꾸몄다.
························· [　　　　]

79 운동회는 **연중**행사로 열린다.
························· [　　　　]

80 우리나라는 겨울철에 **북서** 계절풍이 강하게 분다. ············· [　　　　]

01 다음 밑줄 친 漢字語의 讀音을 쓰세요.

01~32번

보기
漢字 → [한자]

01 그는 자기감정을 솔직하게 **表現**하였다.

.... [   ]

02 규칙적인 **運動**은 건강에 좋다.

.... [   ]

03 회의 중에 의견이 **對立**되었다.

.... [   ]

04 어떻게 할 **道理**가 없었다.

.... [   ]

05 설화는 **民間**에 널리 퍼졌다.

.... [   ]

06 상대가 **弱體**라고 얕보면 안 된다.

.... [   ]

07 서울 근교에는 원예**農業**이 활발하다.

.... [   ]

08 누나는 중국어로 **會話**를 합니다.

.... [   ]

09 그는 **氣球**를 타고 대한해협을 건넜다.

.... [   ]

10 아버지는 **高祖**의 유물을 보여주셨다.

.... [   ]

11 모든 국민은 법 앞에 **平等**하다.

.... [   ]

12 그녀는 **歌樂**에 재능이 있다.

.... [   ]

13 필요한 **名數**가 부족하였다.

.... [   ]

14 학교에서는 매주 인성**教育**을 한다.

.... [   ]

15 장부에 물건 값을 **記入**하였다.

.... [   ]

16 동생은 이제 대**小便**을 가립니다.

.... [   ]

17 길에 버려진 **休紙**를 주웠습니다.

.... [   ]

18 그는 나라를 위해 **身命**을 다해 싸웠다.

.... [   ]

19 우리나라 축구대표팀은 새로운 **戰術**을 시도하였다. .... [   ]

20 새로운 기계를 **發明**하였다.

.... [   ]

21 배우가 **登場**하자 객석은 조용해졌다.

.... [   ]

22 대체에너지 개발이 **時急**하다.

.... [   ]

23 남몰래 **書信**을 주고받았다.

　　　…………………… [　　　　　]

24 "**果然**, 듣던 대로 훌륭하구나!"

　　　…………………… [　　　　　]

25 문화예술 **部門**에서 대상을 차지하였다.

　　　…………………… [　　　　　]

26 친구와 함께 **全科**를 찾아보며 숙제를 하
였다. ………………… [　　　　　]

27 수업을 알리는 종소리가 **校庭**에 울려 퍼
졌다. ………………… [　　　　　]

28 영양분이 충분히 공급되어야 **植物**이 잘
자란다. ……………… [　　　　　]

29 전기를 공급하는 한국전력**公社**를 견학
하였다. ……………… [　　　　　]

30 그는 아무리 다그쳐도 **所用**이 없었다.

　　　…………………… [　　　　　]

31 나라에서는 외국인의 **來住**를 받아들였다.

　　　…………………… [　　　　　]

32 뉴턴은 사과가 떨어지는 것을 보고 **重力**
을 발견했다. ………… [　　　　　]

02 다음 漢字의 訓(훈;뜻)과 音(음;소리)을 쓰세요.

　　　　　　　　　　　　33～61번

　　　　　　　　　　　　　　　　| 보기 |

　　　　漢 → [한수 한]

33 神 [　　　　]　　34 形 [　　　　]

35 始 [　　　　]　　36 空 [　　　　]

37 班 [　　　　]　　38 出 [　　　　]

39 注 [　　　　]　　40 村 [　　　　]

41 夕 [　　　　]　　42 代 [　　　　]

43 各 [　　　　]　　44 今 [　　　　]

45 角 [　　　　]　　46 界 [　　　　]

47 邑 [　　　　]　　48 集 [　　　　]

49 雪 [　　　　]　　50 靑 [　　　　]

51 線 [　　　　]　　52 新 [　　　　]

53 川 [　　　　]　　54 童 [　　　　]

55 手 [　　　　]　　56 孝 [　　　　]

57 直 [　　　　]　　58 姓 [　　　　]

59 答 [　　　　]　　60 火 [　　　　]

61 功 [　　　　]

03 다음 漢字의 색이 다른 획은 몇 번째 쓰는지
| 보기 |에서 찾아 그 번호를 쓰세요. 62～64번

　　　　　　　　　　　　　　　　| 보기 |

① 첫 번째　　② 두 번째　　③ 세 번째
④ 네 번째　　⑤ 다섯 번째

62 母 ………… [　　　　]

63 方 ………… [   ]

64 左 ………… [   ]

04 다음 중 뜻이 서로 반대(상대)되는 漢字끼리 연결된 것을 고르세요. 65~66번

65 [   ] ① 內 ↔ 入 ② 天 ↔ 上
　　　　　　　③ 分 ↔ 短 ④ 敎 ↔ 學

66 [   ] ① 心 ↔ 足 ② 算 ↔ 數
　　　　　　　③ 老 ↔ 少 ④ 江 ↔ 地

05 다음 밑줄 친 漢字語의 뜻을 쓰세요. 67~68번

67 부모님의 **面前**에서 말대답 하는 일은 없었다.
: [   ]

68 두 사람 사이의 **不和**를 없애야 한다.
: [   ]

06 다음 ( ) 안에 들어갈 알맞은 漢字를 |보기|에서 찾아 번호를 쓰세요. 69~70번

|보기|
① 聞　② 正　③ 工　④ 問　⑤ 文

69 남의 답안을 훔쳐보는 것은 부( ) 행위이다. ………… [   ]

70 매일 부모님께 ( )안 인사를 드린다.
………… [   ]

07 다음 밑줄 친 漢字語를 漢字로 쓰세요. 71~80번

71 현충일은 **유월** 육일입니다.
………… [   ]

72 버스가 **삼십** 분 간격으로 운행되고 있습니다. ………… [   ]

73 실내보다 **실외**에서 뛰어 노는 것이 건강에 좋습니다. ……… [   ]

74 오늘은 10번째 맞는 **생일**입니다.
………… [   ]

75 그는 나보다 다섯 살 **연장**자입니다.
………… [   ]

76 여름이면 **산수** 좋은 곳에서 피서를 합니다. ………… [   ]

77 씩씩한 **국군** 용사들이 행진을 합니다.
………… [   ]

78 저는 **대한**의 씩씩한 어린이입니다.
………… [   ]

79 돌고래가 **수중**에서 재주를 부립니다.
………… [   ]

80 두 **모녀**가 다정하게 산책을 합니다.
………… [   ]

01 다음 漢字語의 讀音을 쓰세요. 01~32번

| 보기 |

例外 → [예외]

01 오늘은 午前수업만 하였다.
.... [   ]

02 둥근 달이 半空에 걸려있다.
.... [   ]

03 그는 어려서부터 世事에 시달렸다.
.... [   ]

04 부모는 자식의 大成을 기원합니다.
.... [   ]

05 모두 內室에 모여 이야기를 하였다.
.... [   ]

06 동생은 유치원에서 가까운 유원지로 消風
을 갔다. .... [   ]

07 커튼으로 窓門을 가렸다.
.... [   ]

08 동부지역은 林業이 발달하였다.
.... [   ]

09 "답안지에 正答을 표시하시오."
.... [   ]

10 그가 만주로 갔다는 所聞이 돌았다.
.... [   ]

11 극장 入口에서 만나기로 하였다.
.... [   ]

12 백두산 천지를 第一 보고 싶어 하였다.
.... [   ]

13 그 지역은 굴 양식업이 有名하다.
.... [   ]

14 은행에서 수표를 現金으로 바꾸었다.
.... [   ]

15 많은 사람들이 集會에 참석하였다.
.... [   ]

16 상처가 깊어 手術을 해야만 했다.
.... [   ]

17 자원을 효율적으로 運用해야 한다.
.... [   ]

18 새 정부는 경제발전에 注力하였다.
.... [   ]

19 버들이 푸른 계절에 春雪이 흩날렸다.
.... [   ]

20 상에는 각가지 飮食이 차려져 있었다.
.... [   ]

21 매 시간 무선電信으로 소식을 알려왔다.
.... [   ]

22 그의 말이 진실이라는 것이 明白해졌다.
.... [   ]

23 바둑을 다 둔 뒤에 서로 **計家**를 하였다.
　　············ [　　　]

24 고슴도치는 등 **全體**에 가시가 돋쳐 있다.
　　············ [　　　]

25 포탄이 빗발치던 **高地**에 꽃들이 만발하였다. ············ [　　　]

26 수재민돕기 운동에 **各界**의 온정이 쏟아졌다. ············ [　　　]

27 사람들은 그를 **天才**라고 불렀다.
　　············ [　　　]

28 술에 취한 사람이 고성**放歌**로 골목을 시끄럽게 하였다. ······ [　　　]

29 회원 모두가 **同意**하지 않으면 사용할 수 없다. ············ [　　　]

30 어려운 가정**形便** 때문에 학업을 포기할 수 없다. ············ [　　　]

31 우리나라는 고도성장의 **神話**를 이룩하였다. ············ [　　　]

32 학생 수가 너무 많아 두 학급으로 **分班**하였다. ············ [　　　]

02 다음 漢字의 訓(훈;뜻)과 音(음;소리)을 쓰세요.
33~61번

보기
漢 → [한수 한]

33 藥 [　　　]　34 百 [　　　]

35 海 [　　　]　36 育 [　　　]

37 科 [　　　]　38 幸 [　　　]

39 公 [　　　]　40 住 [　　　]

41 夫 [　　　]　42 庭 [　　　]

43 間 [　　　]　44 夏 [　　　]

45 勇 [　　　]　46 紙 [　　　]

47 村 [　　　]　48 題 [　　　]

49 弱 [　　　]　50 利 [　　　]

51 急 [　　　]　52 淸 [　　　]

53 等 [　　　]　54 孝 [　　　]

55 洞 [　　　]　56 休 [　　　]

57 童 [　　　]　58 花 [　　　]

59 重 [　　　]　60 反 [　　　]

61 場 [　　　]

03 다음 漢字의 색이 다른 획은 몇 번째 쓰는지 |보기|에서 찾아 그 번호를 쓰세요. 62~64번

		보기
① 첫 번째	② 두 번째	③ 세 번째
④ 네 번째	⑤ 다섯 번째	⑥ 여섯 번째
⑦ 일곱 번째	⑧ 여덟 번째	⑨ 아홉 번째

62 來　············ [　　　]

63 道　············ [　　　]

64 堂 ············ [　　　　]

04 다음 밑줄 친 漢字語를 漢字로 쓰세요.
65~74번

65 다시는 이 땅에 **육이오** 전쟁 같은 불행이 있어서는 아니 된다. ·· [　　　　]

66 해가 **서산**으로 넘어간다.
············· [　　　　]

67 음력 **팔월**대보름은 추석이다.
············· [　　　　]

68 50년 만의 감격적인 **부녀** 상봉이 이루어졌다. ············ [　　　　]

69 거리에 **칠만** 명의 시민이 모여 우리나라를 응원하였다. ······· [　　　　]

70 가원이는 교내 **백일**장에서 장원을 차지하였다. ············· [　　　　]

71 잘못된 정치는 **민생**을 어려운 처지에 빠뜨리고 말았습니다. ··· [　　　　]

72 일본은 우리의 **국모**이신 명성황후를 시해하여 한 나라의 국왕을 모욕하였다.
············· [　　　　]

73 남한과 **북한**이 하나가 되기를 기원하였다.
············· [　　　　]

74 할머니는 연세가 **구십**이 넘었습니다.
············· [　　　　]

05 다음 중 뜻이 서로 반대(상대)되는 漢字끼리 연결된 것을 고르세요. 75~76번

75 [　　　] ① 水 ↔ 火　② 角 ↔ 方
③ 今 ↔ 來　④ 大 ↔ 少

76 [　　　] ① 軍 ↔ 農　② 命 ↔ 活
③ 文 ↔ 書　④ 和 ↔ 戰

06 다음 밑줄 친 漢字語의 뜻을 쓰세요. 77~78번

77 가을걷이를 보고 느낀 점에 대하여 **作文**하였다. : [　　　　]

78 우리 반 평균 **身長**은 152cm이다.
: [　　　　]

07 다음 ( ) 안에 들어갈 알맞은 漢字를 |보기|에서 찾아 번호를 쓰세요. 79~80번

|보기|
① 記 ② 市 ③ 木 ④ 氣 ⑤ 始 ⑥ 長

79 꽃밭에는 많은 꽃들이 피어나기 (　　)작하였다. ················ [　　　　]

80 별안간 천지를 뒤집을 듯이 일(　　)가 변하였다. ··············· [　　　　]

01 다음 漢字語의 讀音을 쓰세요. 01~32번

| 보기 |

漢字 → [한자]

01 연설문의 **表題**를 붙였다.
.... [   ]

02 제사상을 거두고 할아버지께서 **藥果**를 주셨다. .... [   ]

03 부모는 자식에 대한 **信心**이 두텁다.
.... [   ]

04 강대국은 **弱小**한 나라를 괴롭혔다.
.... [   ]

05 상대편과 **對話**를 하였다.
.... [   ]

06 그는 명랑하면서 **勇氣**가 있었다.
.... [   ]

07 무척 오랜만에 **面會**를 하였다.
.... [   ]

08 우리 편이 이길 **公算**이 크다.
.... [   ]

09 **地圖**를 보고 찾아 가는 법을 배웠다.
.... [   ]

10 달팽이를 **食用**으로 길렀다.
.... [   ]

11 나뭇가지마다 **雪花**가 피어났다.
.... [   ]

12 방학을 맞아 **海外**로 여행을 갔다.
.... [   ]

13 모두들 그 아이를 **神童**이라고 했다.
.... [   ]

14 의사는 **體重**을 줄이라고 하였다.
.... [   ]

15 휴식을 하면서 **活力**을 되찾았다.
.... [   ]

16 우리나라는 권력이 **分立**되어 있다.
.... [   ]

17 장사꾼은 저울눈을 속여 **利文**을 챙겼다.
.... [   ]

18 형은 오늘 **下午** 3시에 출국하였다.
.... [   ]

19 트럭이 부릉부릉 **始動**을 걸었다.
.... [   ]

20 전쟁터에 꽃다운 **靑春**을 바쳤다.
.... [   ]

21 적당한 **運動**은 건강에 좋다.
.... [   ]

22 그는 적의 간교한 **術數**에 넘어갔다.
.... [   ]

23 아버지는 밤이 늦어서야 **作業**을 마쳤다.
.... [   ]

24 할머니는 **班家**의 법도를 엄히 가르쳤다.
.... [   ]

25 명절을 앞두고 농산물이 시중에 **放出**되
었다. .... [   ]

26 대표의 의견에 몇 사람은 **反旗**를 들었다.
.... [   ]

27 교통 표지판이 매우 선명하게 **發光**하였다.
.... [   ]

28 보내는 사람의 **住所**를 봉투 겉면에 적었다.
.... [   ]

29 동생은 활달한 성격이지만 형은 **內省**적
이다. .... [   ]

30 휴식 시간을 '나눔의 시간'이라고 **命名**하
였다. .... [   ]

31 우리나라에서 **世界** 각국의 대표들이 회
담을 가졌다. .... [   ]

32 군에서는 **邑村**의 사냥꾼들에게 멧돼지를
잡게 했다. .... [   ]

02 다음 漢字의 訓(훈;뜻)과 音(음;소리)을 쓰세요.
33~61번

|보기|
字 → [글자 자]

33 全 [   ]   34 和 [   ]

35 幸 [   ]   36 登 [   ]

37 市 [   ]   38 老 [   ]

39 農 [   ]   40 淸 [   ]

41 線 [   ]   42 角 [   ]

43 窓 [   ]   44 才 [   ]

45 每 [   ]   46 共 [   ]

47 昨 [   ]   48 主 [   ]

49 軍 [   ]   50 同 [   ]

51 江 [   ]   52 草 [   ]

53 堂 [   ]   54 男 [   ]

55 弟 [   ]   56 色 [   ]

57 現 [   ]   58 百 [   ]

59 部 [   ]   60 安 [   ]

61 注 [   ]

03 다음 (   ) 안에 들어갈 알맞은 漢字를 |보기|
에서 찾아 번호를 쓰세요.   62~63번

|보기|
① 方 ② 各 ③ 信 ④ 短 ⑤ 身 ⑥ 明

62 까맣게 잊고 있던 일이 (   )금 생각났다.
.... [   ]

63 차츰차츰 그 일을 해낼 자(   )이 생겼다.
.... [   ]

04 다음 밑줄 친 漢字語를 漢字로 쓰세요.
64~73번

64 그는 예술가로서 **일생**을 마쳤다.
················· [   ]

65 우리나라의 이름은 **대한**민국이다.
················· [   ]

66 형은 **중학교**에 다닌다.
················· [   ]

67 **백금**은 은보다 단단한 은백색의 귀금속
이다. ················· [   ]

68 귀중한 문화재를 천년**만년** 보존해야 한다.
················· [   ]

69 조상의 무덤이 있는 산을 **선산**이라고 한다.
················· [   ]

70 나라의 주인은 **국민**이다.
················· [   ]

71 신라의 선덕**여왕**은 훌륭한 일을 많이 하
셨다. ················· [   ]

72 입학원서에 생년**월일**을 써넣었다.
················· [   ]

73 **동서**남북을 사방이라고 한다.
················· [   ]

05 다음 중 뜻이 서로 반대(상대)되는 漢字끼리
연결된 것을 고르세요.
74~75번

74 [   ] ① 空 ↔ 千 ② 祖 ↔ 父
③ 平 ↔ 高 ④ 手 ↔ 足

75 [   ] ① 工 ↔ 自 ② 秋 ↔ 冬
③ 問 ↔ 答 ④ 母 ↔ 夫

06 다음 밑줄 친 漢字語의 뜻을 쓰세요. 76~77번

76 창고의 불은 이내 **消火**되었다.
: [   ]

77 주위를 살핀 **然後**에야 군사를 움직였다.
: [   ]

07 다음 漢字의 색이 다른 획은 몇 번째 쓰는지
|보기|에서 찾아 그 번호를 쓰세요. 78~80번

|보기|
① 첫 번째   ② 두 번째   ③ 세 번째
④ 네 번째   ⑤ 다섯 번째   ⑥ 여섯 번째
⑦ 일곱 번째   ⑧ 여덟 번째

78 世 ················· [   ]

79 北 ················· [   ]

80 東 ················· [   ]

01 다음 漢字語의 讀音을 쓰세요.   01~32번

| 보기 |

漢字 → [한자]

01 기운차게 **軍歌**를 불렀다.
.... [   ]

02 그는 책임자로서 **勇力**이 부족하였다.
.... [   ]

03 한 발도 **運身**할 수 없었다.
.... [   ]

04 폭동이 일어나 **放火**를 일삼았다.
.... [   ]

05 비에 젖어 **形色**이 초라하였다.
.... [   ]

06 공부하는 새새 **間食**을 먹었다.
.... [   ]

07 파도에 여객선이 **左右**로 흔들렸다.
.... [   ]

08 적군을 물리치는 **戰功**을 세웠다.
.... [   ]

09 사람들은 그의 **孝道**를 칭찬하였다.
.... [   ]

10 멸종된 **動物**을 박제로 볼 수 있었다.
.... [   ]

11 신문에 밤 사이 일어난 사건에 대한 **記事**가 실렸다. .... [   ]

12 거의 **同時**에 소리를 질렀다.
.... [   ]

13 여행 준비는 **各自** 하기로 하였다.
.... [   ]

14 200**海里**를 경제수역으로 설정하였다.
.... [   ]

15 마을 사람들이 회관을 **共有**하고 있다.
.... [   ]

16 물체의 **表面**이 매끄럽다.
.... [   ]

17 누나는 **會計**사무소에서 일을 합니다.
.... [   ]

18 이 책을 쓴 작가는 **才氣**가 넘친다.
.... [   ]

19 **立冬**부터 겨울이 시작된다고 한다.
.... [   ]

20 친구는 한가롭게 **庭球**를 하고 있었다.
.... [   ]

21 군인들이 **高空** 낙하 훈련을 하였다.
.... [   ]

22 아이들은 **不安**에 떨고 있었다.
.... [   ]

23 계곡물이 깨끗하여 그대로 <u>飮用</u>하였다.
 ······························ [   ]

24 제사를 지내고 <u>神主</u>를 사당에 모셨다.
 ······························ [   ]

25 전시장에는 <u>意外</u>로 사람이 많았다.
 ······························ [   ]

26 인터넷 보급으로 신문 발행 <u>部數</u>가 줄었다.
 ······························ [   ]

27 그가 어딘가로 이사했다는 <u>風聞</u>을 들었다.
 ······························ [   ]

28 전통문화는 <u>現代</u>로 오면서 많이 사라졌다.
 ······························ [   ]

29 철새들도 <u>春分</u>을 넘기면 이동해 갈 것이다.
 ······························ [   ]

30 할아버지는 손자의 <u>作名</u>에 오랫동안 고민하셨다. ············· [   ]

31 지원이는 학생회에서 <u>重大</u>한 책임을 맡았다. ···················· [   ]

32 이 시조는 자연과 더불어 살아가는 <u>江村</u>의 생활을 노래했다. ··· [   ]

02 다음 漢字의 訓(훈;뜻)과 音(음;소리)을 쓰세요.
  33～61번

|보기|
字 → [글자 자]

33 方 [   ] 34 等 [   ]

35 休 [   ] 36 明 [   ]
37 半 [   ] 38 淸 [   ]
39 白 [   ] 40 便 [   ]
41 夫 [   ] 42 和 [   ]
43 文 [   ] 44 班 [   ]
45 信 [   ] 46 少 [   ]
47 社 [   ] 48 家 [   ]
49 農 [   ] 50 姓 [   ]
51 每 [   ] 52 西 [   ]
53 邑 [   ] 54 秋 [   ]
55 算 [   ] 56 省 [   ]
57 圖 [   ] 58 藥 [   ]
59 童 [   ] 60 場 [   ]
61 登 [   ]

03 다음 (   ) 안에 들어갈 알맞은 漢字를 |보기|
  에서 찾아 번호를 쓰세요.   62～63번

|보기|
① 前 ② 弟 ③ 所 ④ 全 ⑤ 小 ⑥ 第

62 "오늘 관람한 영화 중에서 (   )일 기억에 남는 장면을 말하여 봅시다."
 ······························ [   ]

63 승객들은 배가 침몰하기 직(   )에 구조되었다. ······················ [   ]

04 다음 밑줄 친 漢字語를 漢字로 쓰세요.
64~73번

64 성의 **남문**으로는 주로 군수품을 실어 날랐다. ┈┈┈┈┈┈┈ [   ]

65 장맛비에 **토실**이 무너져 버렸습니다.
┈┈┈┈┈┈┈┈┈┈ [   ]

66 첩첩**산중**에서 길을 잃었다.
┈┈┈┈┈┈┈┈┈┈ [   ]

67 아침에 산에 가서 **생수**를 떠 마셨다.
┈┈┈┈┈┈┈┈┈┈ [   ]

68 그는 나보다 여섯 살 **연장**이다.
┈┈┈┈┈┈┈┈┈┈ [   ]

69 법 앞에서는 **만민**이 평등하다.
┈┈┈┈┈┈┈┈┈┈ [   ]

70 자기가 태어난 나라를 **모국**이라고 한다.
┈┈┈┈┈┈┈┈┈┈ [   ]

71 '높새바람'은 **북동**풍을 달리 이르는 말이다.
┈┈┈┈┈┈┈┈┈┈ [   ]

72 속담 중에 '**오뉴월** 감기는 개도 아니 걸린다'는 말이 있다. ┈ [   ]

73 우리 **삼촌**은 농구 선수이다.
┈┈┈┈┈┈┈┈┈┈ [   ]

05 다음 중 뜻이 서로 반대(상대)되는 漢字끼리 연결된 것을 고르세요.
74~75번

74 [   ] ① 男 ↔ 弱   ② 心 ↔ 體
③ 始 ↔ 今   ④ 光 ↔ 反

75 [   ] ① 先 ↔ 後   ② 夕 ↔ 午
③ 祖 ↔ 子   ④ 千 ↔ 地

06 다음 漢字語의 알맞은 뜻을 쓰세요. 76~77번

76 天幸 : [   ]

77 新入 : [   ]

07 다음 漢字의 색이 다른 획은 몇 번째 쓰는지 |보기|에서 찾아 그 번호를 쓰세요. 78~80번

| 보기 |
① 첫 번째   ② 두 번째   ③ 세 번째
④ 네 번째   ⑤ 다섯 번째   ⑥ 여섯 번째
⑦ 일곱 번째

78 里 ┈┈┈┈ [   ]

79 市 ┈┈┈┈ [   ]

80 老 ┈┈┈┈ [   ]

09회

한자능력검정시험 6급II
예상문제

(사) 한국어문회 주관	
합격문항	56문항
시험시간	50분
정답	109쪽

01 다음 漢字語의 讀音을 쓰세요. 01~32번

|보기|
漢字 → [한자]

01 인공위성이 전파를 **發信**하였다.
················· [   ]

02 구름을 벗어난 **明月**이 환하게 비추었다.
················· [   ]

03 입학원서에 **記名**하였다.
················· [   ]

04 학교에서 **植木** 행사를 열었다.
················· [   ]

05 달마다 신문 **代金**을 치른다.
················· [   ]

06 뜻하지 않았던 **幸運**을 잡았다.
················· [   ]

07 지난날의 잘못을 **反省**하였다.
················· [   ]

08 그는 얼굴에 **會心**의 미소를 지었다.
················· [   ]

09 내가 좋아하는 작가가 오랜만에 **新作**을
발표하였다. ········· [   ]

10 총탄이 빗발치는 **戰線**으로 나아갔다.
················· [   ]

11 "**外界**에도 생물체가 있을까?"
················· [   ]

12 질문에 대하여 **書面**으로 답변하였다.
················· [   ]

13 투수는 빠른 **直球**를 던졌다.
················· [   ]

14 매우 아름다운 색감을 **表出**하였다.
················· [   ]

15 그는 자기가 한 일인 양 **生色**을 내었다.
················· [   ]

16 말하기는 국어 **教科**의 한 부분이다.
················· [   ]

17 사고가 나자 **電氣** 공급을 중단하였다.
················· [   ]

18 묻는 말에만 간단히 **對答**하였다.
················· [   ]

19 권투는 **四角**의 링에서 싸우는 경기이다.
················· [   ]

20 언제든지 방문할 **用意**가 있음을 밝혔다.
················· [   ]

21 우리 팀은 **前半**에 다섯 골을 넣었다.
················· [   ]

22 개학을 앞두고 **放學**숙제를 하였다.
················· [   ]

23 백로는 호수, 해안 **等地**에서 산다.

 ································ [   ]

24 모처럼 온 **食口**가 한자리에 모였다.

 ································ [   ]

25 친구에게 **便紙**를 부치고 회답이 오기를
기다렸다. ············· [   ]

26 카시오페이아는 **海神**에게 노여움을 사서
딸 안드로메다를 바쳤다.

 ················· [   ]

27 그는 사이렌이 울리는 곳으로 **火急**히 달
려갔다. ············· [   ]

28 한 마리 새가 **雪林**의 찬 바람을 가르며
날아갔다. ············· [   ]

29 마을 사람들은 **立春**을 맞이하여 풍년을
기원하였다. ············ [   ]

30 흥겨운 **風樂**이 울리자 모두들 춤을 추었다.

 ················· [   ]

31 몸과 마음을 단련하는 데에 **功力**을 들였다.

 ················· [   ]

32 강물이 넘쳐서 논밭의 **形體**를 알아볼 수
없었다. ············· [   ]

---

02 다음 漢字의 訓(훈;뜻)과 音(음;소리)을 쓰세요.
 33~61번

| 보기 |

字 → [글자 자]

33 計 [   ]   34 川 [   ]

35 理 [   ]   36 歌 [   ]

37 聞 [   ]   38 民 [   ]

39 藥 [   ]   40 音 [   ]

41 夏 [   ]   42 始 [   ]

43 漢 [   ]   44 和 [   ]

45 消 [   ]   46 窓 [   ]

47 庭 [   ]   48 所 [   ]

49 韓 [   ]   50 邑 [   ]

51 時 [   ]   52 事 [   ]

53 後 [   ]   54 飮 [   ]

55 注 [   ]   56 重 [   ]

57 來 [   ]   58 圖 [   ]

59 南 [   ]   60 社 [   ]

61 才 [   ]

---

03 다음 (   ) 안에 들어갈 알맞은 漢字를 |보기|
에서 찾아 번호를 쓰세요.   62~63번

| 보기 |

① 水 ② 算 ③ 手 ④ 先 ⑤ 數 ⑥ 千

62 자신이 지은 빚을 깨끗이 청(   )하였다.

 ················· [   ]

63 진찰도 받고 (   )술도 받은 결과 회복이
가능하다고 하였다. ·· [   ]

04 다음 밑줄 친 漢字語를 漢字로 쓰세요.
64~73번

64 '임금'을 '나라의 아버지'라는 뜻에서 '**국부**'라고 합니다. ·········· [   ]

65 감히 **왕실**에 대하여 반항할 수 없었다.
·································· [   ]

66 우리 반은 오월 **십일**에 현장학습을 간다.
································· [   ]

67 "**만일**을 대비해서 준비를 철저히 해라."
····························· [   ]

68 서산에 해지고, **동산**에 달 떠오른다.
····························· [   ]

69 누나는 우리 집안의 **장녀**이다.
································· [   ]

70 그 아이의 말은 십중**팔구** 뜬소문일 것이다.
························ [   ]

71 운동회에서 **청군**이 백군을 이겼다.
····························· [   ]

72 사촌 형제의 자식이나 아버지의 사촌 형제는 **오촌**이 된다. ·· [   ]

73 봄철은 **연중** 일교차가 가장 크다.
····························· [   ]

05 다음 중 뜻이 서로 반대(상대)되는 漢字끼리 연결된 것을 고르세요.
74~75번

74 [   ] ① 讀 ↔ 問 ② 兄 ↔ 弟
③ 物 ↔ 神 ④ 空 ↔ 堂

75 [   ] ① 文 ↔ 育 ② 人 ↔ 天
③ 班 ↔ 同 ④ 夕 ↔ 少

06 다음 漢字語의 알맞은 뜻을 쓰세요. 76~77번

76 母校 : [   ]
77 不利 : [   ]

07 다음 漢字의 색이 다른 획은 몇 번째 쓰는지 |보기|에서 찾아 그 번호를 쓰세요. 78~80번

|보기|
① 첫 번째 ② 두 번째 ③ 세 번째
④ 네 번째 ⑤ 다섯 번째 ⑥ 여섯 번째
⑦ 일곱 번째 ⑧ 여덟 번째

78 民 ············ [   ]

79 門 ············ [   ]

80 命 ············ [   ]

10회 한자능력검정시험 **6**급 II
예상문제

(사) 한국어문회 주관	
합격문항	56문항
시험시간	50분
정 답	110쪽

01 다음 漢字語의 讀音을 쓰세요. 01~32번

| 보기 |

漢字 → [한자]

01 할아버지께 **問安** 인사를 드렸다.
.... [   ]

02 우주 비행에 **成功**하였다.
.... [   ]

03 차림표를 보고 음식을 **注文**하였다.
.... [   ]

04 취재팀이 **現地**로 떠났다.
.... [   ]

05 산밭에서 **藥草**를 캤다.
.... [   ]

06 편지를 **登記**로 부쳤다.
.... [   ]

07 종을 울리며 **電車**가 지나갔다.
.... [   ]

08 그는 언뜻 보아 **半百**이 넘은 듯 보였다.
.... [   ]

09 아군은 큰 **戰果**를 올리고 개선하였다.
.... [   ]

10 연회장에는 **樂工**들이 있었다.
.... [   ]

11 불이 나자 화재 감지기가 **作動**하였다.
.... [   ]

12 그의 딸은 **才色**이 뛰어났다.
.... [   ]

13 그곳에는 **少數**의 사람이 살고 있었다.
.... [   ]

14 그는 **手術**한 후에 건강해졌다.
.... [   ]

15 팔순의 **老母**를 모시고 살았다.
.... [   ]

16 쉽고 **便利**한 방법을 생각해냈다.
.... [   ]

17 동생에게 **童話** 한 편을 읽어 주었다.
.... [   ]

18 여름 한낮의 **日光**은 무척 눈이 부셨다.
.... [   ]

19 점차 **世代** 간의 갈등이 커지고 있다.
.... [   ]

20 개막전에서 멋진 **始球**를 던졌다.
.... [   ]

21 이웃과 **和答**이 잘 되었다.
.... [   ]

22 산에 오르니 **空氣**가 신선하였다.
.... [   ]

23 봄바람이 **花信**을 전하였다.
　　······························· [　　　　]

24 환자는 **心理**상태가 불안해 보였다.
　　······························· [　　　　]

25 형은 학교를 졸업하고 **會社**에 취직하였다.
　　······························· [　　　　]

26 우주는 무한한 시간과 **萬物**을 포함하고
　　있다. ···················· [　　　　]

27 그는 꼿꼿하고 **方正**한 자세로 앉아 있었다.
　　······························· [　　　　]

28 가치 없는 일에 **時間**을 낭비하지 말아야
　　한다. ······················ [　　　　]

29 그의 집안은 청백리의 **家風**으로 칭송을
　　받고 있다. ··········· [　　　　]

30 작품을 통해 작가의 **意圖**를 읽을 수 있었다.
　　······························· [　　　　]

31 남녀노소 할 것 없이 **公共**장소에서 예절
　　을 지켜야 한다. ······ [　　　　]

32 사람의 **體內**에 산소가 부족하면 정상적
　　인 활동을 할 수 없게 된다.
　　······························· [　　　　]

02 다음 漢字의 訓(훈;뜻)과 音(음;소리)을 쓰세요.
　　33~61번

　　|보기|
　　字 → [글자 자]

33 部 [　　　　]　　34 夏 [　　　　]

35 放 [　　　　]　　36 堂 [　　　　]

37 食 [　　　　]　　38 角 [　　　　]

39 農 [　　　　]　　40 前 [　　　　]

41 表 [　　　　]　　42 韓 [　　　　]

43 線 [　　　　]　　44 出 [　　　　]

45 然 [　　　　]　　46 形 [　　　　]

47 書 [　　　　]　　48 今 [　　　　]

49 算 [　　　　]　　50 對 [　　　　]

51 窓 [　　　　]　　52 計 [　　　　]

53 來 [　　　　]　　54 飮 [　　　　]

55 業 [　　　　]　　56 重 [　　　　]

57 急 [　　　　]　　58 村 [　　　　]

59 明 [　　　　]　　60 姓 [　　　　]

61 題 [　　　　]

03 다음 (　) 안에 들어갈 알맞은 漢字를 |보기|
　　에서 찾아 번호를 쓰세요. 　62~63번

　　|보기|
　　① 子　② 自　③ 第　④ 字　⑤ 命　⑥ 名

62 세면도구는 각(　) 준비하기로 하였다.
　　······························· [　　　　]

63 베토벤은 '전원 교향곡', '운(　) 교향곡'
　　등의 훌륭한 작품을 작곡하였다.
　　······························· [　　　　]

04 다음 밑줄 친 漢字語를 漢字로 쓰세요.
64~73번

64 식목일은 **사월** 오일이다.
.... [   ]

65 씩씩한 **여군**들의 행군이 이어졌다.
.... [   ]

66 방학 동안에 **선생**님께 편지를 보냈다.
.... [   ]

67 제주도는 본래 **화산**섬이었다고 한다.
.... [   ]

68 영식이는 **교문** 앞에서 누군가를 기다리고 있었다. .... [   ]

69 그릇 표면에 **백토**를 박아서 문양을 놓았다.
.... [   ]

70 새로 오신 선생님은 **중년**에 접어들어 보였다. .... [   ]

71 우리 **교실**에는 웃음이 가득하다.
.... [   ]

72 한평생 **청산**을 벗 삼아 살아가련다.
.... [   ]

73 **남서**풍이 불어서 시원하다.
.... [   ]

05 다음 중 뜻이 서로 반대(상대)되는 漢字끼리 연결된 것을 고르세요.
74~75번

74 [   ]　①全↔平　②勇↔弱
③用↔省　④長↔短

75 [   ]　①育↔活　②新↔昨
③高↔下　④事↔音

06 다음 漢字語의 알맞은 뜻을 쓰세요. 76~77번

76 春秋 : [   ]

77 所有 : [   ]

07 다음 漢字의 색이 다른 획은 몇 번째 쓰는지 |보기|에서 찾아 그 번호를 쓰세요. 78~80번

|보기|
① 첫 번째　　② 두 번째　　③ 세 번째
④ 네 번째　　⑤ 다섯 번째　　⑥ 여섯 번째
⑦ 일곱 번째

78 安 .... [   ]

79 地 .... [   ]

80 弟 .... [   ]

6 2 1

수험번호 □□□-□□-□□□□

성명 □□□□□

생년월일 □□□□□□

※ 주민등록번호 앞 6자리 숫자를 기입하십시오.

※ 성명은 한글로 작성

※ 필기구는 검정색 볼펜만 가능

※ 답안지는 컴퓨터로 처리되므로 구기거나 더럽히지 마시고, 정답 칸 안에만 쓰십시오.
글씨가 채점란으로 들어오면 오답처리가 됩니다.

전국한자능력검정시험 6급Ⅱ 답안지(1) (시험시간:50분)

번호	답안란 정답	채점란 1검	2검	번호	답안란 정답	채점란 1검	2검	번호	답안란 정답	채점란 1검	2검
1				14				27			
2				15				28			
3				16				29			
4				17				30			
5				18				31			
6				19				32			
7				20				33			
8				21				34			
9				22				35			
10				23				36			
11				24				37			
12				25				38			
13				26				39			

감독위원	채점위원(1)		채점위원(2)		채점위원(3)	
(서명)	(득점)	(서명)	(득점)	(서명)	(득점)	(서명)

※뒷면으로 이어짐

※ 답안지는 컴퓨터로 처리되므로 구기거나 더럽히지 마시고, 정답 칸 안에만 쓰십시오. 글씨가 채점란으로 들어오면 오답처리가 됩니다.

전국한자능력검정시험 6급Ⅱ 답안지(2)

번호	정답	1검	2검	번호	정답	1검	2검	번호	정답	1검	2검
40				54				68			
41				55				69			
42				56				70			
43				57				71			
44				58				72			
45				59				73			
46				60				74			
47				61				75			
48				62				76			
49				63				77			
50				64				78			
51				65				79			
52				66				80			
53				67							

6 2 1

수험번호 □□□-□□-□□□□   성명 □□□□□

생년월일 □□□□□□   ※ 주민등록번호 앞 6자리 숫자를 기입하십시오.

※ 성명은 한글로 작성
※ 필기구는 검정색 볼펜만 가능

※ 답안지는 컴퓨터로 처리되므로 구기거나 더럽히지 마시고, 정답 칸 안에만 쓰십시오.
  글씨가 채점란으로 들어오면 오답처리가 됩니다.

전국한자능력검정시험 6급Ⅱ 답안지(1) (시험시간:50분)

번호	답안란 정답	채점란 1검	2검	번호	답안란 정답	채점란 1검	2검	번호	답안란 정답	채점란 1검	2검
1				14				27			
2				15				28			
3				16				29			
4				17				30			
5				18				31			
6				19				32			
7				20				33			
8				21				34			
9				22				35			
10				23				36			
11				24				37			
12				25				38			
13				26				39			

감독위원	채점위원(1)		채점위원(2)		채점위원(3)	
(서명)	(득점)	(서명)	(득점)	(서명)	(득점)	(서명)

※뒷면으로 이어짐

※ 답안지는 컴퓨터로 처리되므로 구기거나 더럽히지 마시고, 정답 칸 안에만 쓰십시오. 글씨가 채점란으로 들어오면 오답처리가 됩니다.

전국한자능력검정시험 6급Ⅱ 답안지(2)

번호	정답	1검	2검	번호	정답	1검	2검	번호	정답	1검	2검
40				54				68			
41				55				69			
42				56				70			
43				57				71			
44				58				72			
45				59				73			
46				60				74			
47				61				75			
48				62				76			
49				63				77			
50				64				78			
51				65				79			
52				66				80			
53				67							

수험번호 □□□-□□-□□□□   성명 □□□□□

생년월일 □□□□□□   ※ 주민등록번호 앞 6자리 숫자를 기입하십시오.

※ 성명은 한글로 작성

※ 필기구는 검정색 볼펜만 가능

※ 답안지는 컴퓨터로 처리되므로 구기거나 더럽히지 마시고, 정답 칸 안에만 쓰십시오. 글씨가 채점란으로 들어오면 오답처리가 됩니다.

전국한자능력검정시험 6급 II 답안지(1) (시험시간:50분)

번호	답안란 정답	채점란 1검	채점란 2검	번호	답안란 정답	채점란 1검	채점란 2검	번호	답안란 정답	채점란 1검	채점란 2검
1				14				27			
2				15				28			
3				16				29			
4				17				30			
5				18				31			
6				19				32			
7				20				33			
8				21				34			
9				22				35			
10				23				36			
11				24				37			
12				25				38			
13				26				39			

감독위원	채점위원(1)		채점위원(2)		채점위원(3)	
(서명)	(득점)	(서명)	(득점)	(서명)	(득점)	(서명)

※ 답안지는 컴퓨터로 처리되므로 구기거나 더럽히지 마시고, 정답 칸 안에만 쓰십시오. 글씨가 채점란으로 들어오면 오답처리가 됩니다.

전국한자능력검정시험 6급Ⅱ 답안지(2)

번호	정답	1검	2검	번호	정답	1검	2검	번호	정답	1검	2검
40				54				68			
41				55				69			
42				56				70			
43				57				71			
44				58				72			
45				59				73			
46				60				74			
47				61				75			
48				62				76			
49				63				77			
50				64				78			
51				65				79			
52				66				80			
53				67							

(답안란 / 채점란)

수험번호 □□□-□□-□□□□　　　성명 □□□□□

생년월일 □□□□□□　※ 주민등록번호 앞 6자리 숫자를 기입하십시오.

※ 성명은 한글로 작성
※ 필기구는 검정색 볼펜만 가능

※ 답안지는 컴퓨터로 처리되므로 구기거나 더럽히지 마시고, 정답 칸 안에만 쓰십시오.
　글씨가 채점란으로 들어오면 오답처리가 됩니다.

전국한자능력검정시험 6급Ⅱ 답안지(1) (시험시간:50분)

번호	답안란 정답	채점란 1검	2검	번호	답안란 정답	채점란 1검	2검	번호	답안란 정답	채점란 1검	2검
1				14				27			
2				15				28			
3				16				29			
4				17				30			
5				18				31			
6				19				32			
7				20				33			
8				21				34			
9				22				35			
10				23				36			
11				24				37			
12				25				38			
13				26				39			

감독위원	채점위원(1)		채점위원(2)		채점위원(3)	
(서명)	(득점)	(서명)	(득점)	(서명)	(득점)	(서명)

※ 답안지는 컴퓨터로 처리되므로 구기거나 더럽히지 마시고, 정답 칸 안에만 쓰십시오. 글씨가 채점란으로 들어오면 오답처리가 됩니다.

전국한자능력검정시험 6급Ⅱ 답안지(2)

답안란		채점란		답안란		채점란		답안란		채점란	
번호	정답	1검	2검	번호	정답	1검	2검	번호	정답	1검	2검
40				54				68			
41				55				69			
42				56				70			
43				57				71			
44				58				72			
45				59				73			
46				60				74			
47				61				75			
48				62				76			
49				63				77			
50				64				78			
51				65				79			
52				66				80			
53				67							

수험번호 □□□-□□-□□□□   성명 □□□□□

생년월일 □□□□□□   ※ 주민등록번호 앞 6자리 숫자를 기입하십시오.

※ 성명은 한글로 작성

※ 필기구는 검정색 볼펜만 가능

※ 답안지는 컴퓨터로 처리되므로 구기거나 더럽히지 마시고, 정답 칸 안에만 쓰십시오.
　글씨가 채점란으로 들어오면 오답처리가 됩니다.

전국한자능력검정시험 6급Ⅱ 답안지(1) (시험시간:50분)

번호	정답	1검	2검	번호	정답	1검	2검	번호	정답	1검	2검
1				14				27			
2				15				28			
3				16				29			
4				17				30			
5				18				31			
6				19				32			
7				20				33			
8				21				34			
9				22				35			
10				23				36			
11				24				37			
12				25				38			
13				26				39			

감독위원	채점위원(1)		채점위원(2)		채점위원(3)	
(서명)	(득점)	(서명)	(득점)	(서명)	(득점)	(서명)

※뒷면으로 이어짐

■ 사단법인 한국어문회

※ 답안지는 컴퓨터로 처리되므로 구기거나 더럽히지 마시고, 정답 칸 안에만 쓰십시오. 글씨가 채점란으로 들어오면 오답처리가 됩니다.

전국한자능력검정시험 6급Ⅱ 답안지(2)

번호	정답	1검	2검	번호	정답	1검	2검	번호	정답	1검	2검
40				54				68			
41				55				69			
42				56				70			
43				57				71			
44				58				72			
45				59				73			
46				60				74			
47				61				75			
48				62				76			
49				63				77			
50				64				78			
51				65				79			
52				66				80			
53				67							

■ 사단법인 한국어문회

6 2 1

수험번호 ☐☐☐-☐☐-☐☐☐☐   성명 ☐☐☐☐☐

생년월일 ☐☐☐☐☐☐   ※ 주민등록번호 앞 6자리 숫자를 기입하십시오.

※ 성명은 한글로 작성
※ 필기구는 검정색 볼펜만 가능

※ 답안지는 컴퓨터로 처리되므로 구기거나 더럽히지 마시고, 정답 칸 안에만 쓰십시오.
  글씨가 채점란으로 들어오면 오답처리가 됩니다.

전국한자능력검정시험 6급Ⅱ 답안지(1) (시험시간:50분)

번호	정답	1검	2검	번호	정답	1검	2검	번호	정답	1검	2검
1				14				27			
2				15				28			
3				16				29			
4				17				30			
5				18				31			
6				19				32			
7				20				33			
8				21				34			
9				22				35			
10				23				36			
11				24				37			
12				25				38			
13				26				39			

감독위원	채점위원(1)		채점위원(2)		채점위원(3)	
(서명)	(득점)	(서명)	(득점)	(서명)	(득점)	(서명)

※뒷면으로 이어짐

※ 답안지는 컴퓨터로 처리되므로 구기거나 더럽히지 마시고, 정답 칸 안에만 쓰십시오. 글씨가 채점란으로 들어오면 오답처리가 됩니다.

전국한자능력검정시험 6급Ⅱ 답안지(2)

번호	정답	1검	2검	번호	정답	1검	2검	번호	정답	1검	2검
40				54				68			
41				55				69			
42				56				70			
43				57				71			
44				58				72			
45				59				73			
46				60				74			
47				61				75			
48				62				76			
49				63				77			
50				64				78			
51				65				79			
52				66				80			
53				67							

6 2 1

수험번호 □□□-□□-□□□□   성명 □□□□□

생년월일 □□□□□□   ※ 주민등록번호 앞 6자리 숫자를 기입하십시오.

※ 성명은 한글로 작성
※ 필기구는 검정색 볼펜만 가능

※ 답안지는 컴퓨터로 처리되므로 구기거나 더럽히지 마시고, 정답 칸 안에만 쓰십시오.
   글씨가 채점란으로 들어오면 오답처리가 됩니다.

전국한자능력검정시험 6급Ⅱ 답안지(1) (시험시간:50분)

번호	답안란 정답	채점란 1검	2검	번호	답안란 정답	채점란 1검	2검	번호	답안란 정답	채점란 1검	2검
1				14				27			
2				15				28			
3				16				29			
4				17				30			
5				18				31			
6				19				32			
7				20				33			
8				21				34			
9				22				35			
10				23				36			
11				24				37			
12				25				38			
13				26				39			

감독위원	채점위원(1)		채점위원(2)		채점위원(3)	
(서명)	(득점)	(서명)	(득점)	(서명)	(득점)	(서명)

※뒷면으로 이어짐

■ 사단법인 한국어문회

전국한자능력검정시험 6급Ⅱ 답안지(2)

번호	정답	1검	2검	번호	정답	1검	2검	번호	정답	1검	2검
	답안란	채점란			답안란	채점란			답안란	채점란	
40				54				68			
41				55				69			
42				56				70			
43				57				71			
44				58				72			
45				59				73			
46				60				74			
47				61				75			
48				62				76			
49				63				77			
50				64				78			
51				65				79			
52				66				80			
53				67							

■ 사단법인 한국어문회

수험번호 ☐☐☐-☐☐-☐☐☐☐   성명 ☐☐☐☐☐

생년월일 ☐☐☐☐☐☐   ※ 주민등록번호 앞 6자리 숫자를 기입하십시오.   ※ 성명은 한글로 작성
※ 필기구는 검정색 볼펜만 가능

※ 답안지는 컴퓨터로 처리되므로 구기거나 더럽히지 마시고, 정답 칸 안에만 쓰십시오.
  글씨가 채점란으로 들어오면 오답처리가 됩니다.

전국한자능력검정시험 6급 II 답안지(1) (시험시간:50분)

번호	답안란 정답	채점란 1검	채점란 2검	번호	답안란 정답	채점란 1검	채점란 2검	번호	답안란 정답	채점란 1검	채점란 2검
1				14				27			
2				15				28			
3				16				29			
4				17				30			
5				18				31			
6				19				32			
7				20				33			
8				21				34			
9				22				35			
10				23				36			
11				24				37			
12				25				38			
13				26				39			

감독위원	채점위원(1)		채점위원(2)		채점위원(3)	
(서명)	(득점)	(서명)	(득점)	(서명)	(득점)	(서명)

※뒷면으로 이어짐

※ 답안지는 컴퓨터로 처리되므로 구기거나 더럽히지 마시고, 정답 칸 안에만 쓰십시오. 글씨가 채점란으로 들어오면 오답처리가 됩니다.

전국한자능력검정시험 6급Ⅱ 답안지(2)

답안란		채점란		답안란		채점란		답안란		채점란	
번호	정답	1검	2검	번호	정답	1검	2검	번호	정답	1검	2검
40				54				68			
41				55				69			
42				56				70			
43				57				71			
44				58				72			
45				59				73			
46				60				74			
47				61				75			
48				62				76			
49				63				77			
50				64				78			
51				65				79			
52				66				80			
53				67							

수험번호 □□□ - □□ - □□□□   성명 □□□□□

생년월일 □□□□□□   ※ 주민등록번호 앞 6자리 숫자를 기입하십시오.

※ 성명은 한글로 작성
※ 필기구는 검정색 볼펜만 가능

※ 답안지는 컴퓨터로 처리되므로 구기거나 더럽히지 마시고, 정답 칸 안에만 쓰십시오.
   글씨가 채점란으로 들어오면 오답처리가 됩니다.

전국한자능력검정시험 6급Ⅱ 답안지(1) (시험시간:50분)

번호	답안란 정답	채점란 1검	2검	번호	답안란 정답	채점란 1검	2검	번호	답안란 정답	채점란 1검	2검
1				14				27			
2				15				28			
3				16				29			
4				17				30			
5				18				31			
6				19				32			
7				20				33			
8				21				34			
9				22				35			
10				23				36			
11				24				37			
12				25				38			
13				26				39			

감독위원	채점위원(1)		채점위원(2)		채점위원(3)	
(서명)	(득점)	(서명)	(득점)	(서명)	(득점)	(서명)

※뒷면으로 이어짐

※ 답안지는 컴퓨터로 처리되므로 구기거나 더럽히지 마시고, 정답 칸 안에만 쓰십시오. 글씨가 채점란으로 들어오면 오답처리가 됩니다.

전국한자능력검정시험 6급Ⅱ 답안지(2)

번호	정답	1검	2검	번호	정답	1검	2검	번호	정답	1검	2검
40				54				68			
41				55				69			
42				56				70			
43				57				71			
44				58				72			
45				59				73			
46				60				74			
47				61				75			
48				62				76			
49				63				77			
50				64				78			
51				65				79			
52				66				80			
53				67							

6 2 1

수험번호 □□□-□□-□□□□   성명 □□□□□

생년월일 □□□□□□   ※ 주민등록번호 앞 6자리 숫자를 기입하십시오.   ※ 성명은 한글로 작성
※ 필기구는 검정색 볼펜만 가능

※ 답안지는 컴퓨터로 처리되므로 구기거나 더럽히지 마시고, 정답 칸 안에만 쓰십시오.
글씨가 채점란으로 들어오면 오답처리가 됩니다.

전국한자능력검정시험 6급Ⅱ 답안지(1) (시험시간:50분)

번호	정답	1검	2검	번호	정답	1검	2검	번호	정답	1검	2검
1				14				27			
2				15				28			
3				16				29			
4				17				30			
5				18				31			
6				19				32			
7				20				33			
8				21				34			
9				22				35			
10				23				36			
11				24				37			
12				25				38			
13				26				39			

감독위원	채점위원(1)		채점위원(2)		채점위원(3)	
(서명)	(득점)	(서명)	(득점)	(서명)	(득점)	(서명)

■   ※뒷면으로 이어짐   ■

■ 사단법인 한국어문회

※ 답안지는 컴퓨터로 처리되므로 구기거나 더럽히지 마시고, 정답 칸 안에만 쓰십시오. 글씨가 채점란으로 들어오면 오답처리가 됩니다.

전국한자능력검정시험 6급Ⅱ 답안지(2)

번호	정답	1검	2검	번호	정답	1검	2검	번호	정답	1검	2검
	답안란	채점란			답안란	채점란			답안란	채점란	
40				54				68			
41				55				69			
42				56				70			
43				57				71			
44				58				72			
45				59				73			
46				60				74			
47				61				75			
48				62				76			
49				63				77			
50				64				78			
51				65				79			
52				66				80			
53				67							

■ 사단법인 한국어문회

(사) 한국어문회 주관

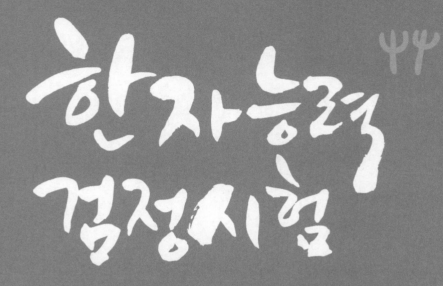

한자능력검정시험

기출·예상문제 **6**급 II

▷ 1회 ~ 5회

정답과 해설은 112 ~ 119쪽에 있습니다.

01 다음 밑줄 친 漢字語의 讀音을 쓰세요.

01~32번

| 보기 |

漢字 → [한자]

01 그는 새벽에 나갔다가 <u>正午</u>가 되어서야 돌아왔다. ………… [   ]

02 겨울잠을 자던 <u>動物</u>이 깨어났습니다.
………………………… [   ]

03 아이는 눈과 입을 <u>天然</u>스럽게 움직이며 웃었다. ………… [   ]

04 그의 사진이 <u>記事</u>와 함께 신문에 실렸다.
………………………… [   ]

05 훌륭한 인재들을 여러 분야에서 골고루 <u>登用</u>하였다. ……… [   ]

06 모든 나라가 <u>平和</u>를 위해 함께 노력해야 한다. …………… [   ]

07 더하기를 빼기로 잘못 <u>計算</u>하였다.
………………………… [   ]

08 동상은 정면을 향한 <u>直立</u> 자세를 하고 있다. …………… [   ]

09 그는 여러 <u>方面</u>에 쓸모 있는 재주를 지녔다.
………………………… [   ]

10 그곳은 수력발전소가 있는 <u>工業</u>도시이다.
………………………… [   ]

11 도심에서는 대중교통을 이용하는 것이 <u>便利</u>하다. …………… [   ]

12 새로운 기계를 <u>發明</u>하였다.
………………………… [   ]

13 우리의 상품이 <u>世界</u>로 수출되고 있습니다.
………………………… [   ]

14 새로운 별을 발견하여 자신의 이름으로 <u>命名</u>하였다. ……… [   ]

15 학급 문제에 대하여 <u>分班</u> 토론을 하였다.
………………………… [   ]

16 기대 이상으로 좋은 <u>成果</u>를 거두었다.
………………………… [   ]

17 "수고스럽겠지만 내 <u>代身</u> 좀 전해 주세요."
………………………… [   ]

18 이 샘물은 <u>安心</u>하고 마셔도 됩니다.
………………………… [   ]

19 그는 첫인상과는 다르게 <u>意外</u>로 상냥하였다. …………… [   ]

20 인간은 가장 <u>高等</u>한 동물이다.
………………………… [   ]

21 가을걷이가 끝난 들판에는 서리가 내리기 <u>始作</u>했다. ……… [   ]

22 엄마가 해주는 <u>飮食</u>은 특별한 맛이 있다.
………………………… [   ]

23 우주선을 타고 **地球**를 한 바퀴 도는 꿈을 꾸었다. ·········· [　　]

24 할머니께서는 종종 사랑방에서 **童話**를 들려주셨다. ·········· [　　]

25 총소리는 멈췄지만 **戰線**은 긴장감이 감돌았다. ·········· [　　]

26 그는 **雪風**을 무릅쓰고 멀리 떨어진 글방에 가는 것을 쉬지 않았다. ········· [　　]

27 그는 식은땀만 쏟을 뿐 **氣運**을 쓰지 못했다. ········· [　　]

28 지영이는 새벽에 **新聞**을 배달합니다. ········· [　　]

29 돌 틈에서 자란 **藥草**를 조심조심 파냈다. ········· [　　]

30 날씨는 **今時** 어두워져 눈이 쏟아질 것만 같았다. ········· [　　]

31 방학 동안에 읽을 **圖書**를 주문하였다. ········· [　　]

32 우리나라의 **電子** 부품이 외국 제품에 쓰이고 있다. ········· [　　]

02 다음 漢字의 訓(훈;뜻)과 音(음;소리)을 쓰세요. 33~61번

보기
字 → [글자 자]

33 勇 [　　]　**34** 昨 [　　]

35 孝 [　　]　**36** 窓 [　　]

37 才 [　　]　**38** 弱 [　　]

39 祖 [　　]　**40** 活 [　　]

41 重 [　　]　**42** 有 [　　]

43 注 [　　]　**44** 幸 [　　]

45 現 [　　]　**46** 形 [　　]

47 邑 [　　]　**48** 集 [　　]

49 信 [　　]　**50** 育 [　　]

51 色 [　　]　**52** 百 [　　]

53 消 [　　]　**54** 姓 [　　]

55 表 [　　]　**56** 神 [　　]

57 場 [　　]　**58** 數 [　　]

59 植 [　　]　**60** 術 [　　]

61 部 [　　]

03 다음 중 뜻이 서로 반대(상대)되는 漢字끼리 연결되지 않은 것을 고르세요. 62~63번

62 [　　] ① 前 ↔ 後　② 長 ↔ 老　③ 春 ↔ 秋　④ 上 ↔ 下

63 [　　] ① 夏 ↔ 冬　② 主 ↔ 夕　③ 出 ↔ 入　④ 手 ↔ 足

04 다음 ( ) 안의 글자에 해당하는 漢字를 |보기|에서 찾아 번호를 쓰세요. 64~65번

보기
① 成　② 自　③ 子　④ 省

64 우리들은 미리 지정된 장소로 각(　　)
출발하였다. ………… [　　　]

65 그는 지난날의 잘못을 반(　　)하였다.
…………………………… [　　　]

---

05 다음 漢字語의 알맞은 뜻을 쓰세요. 66~67번

66 사공들은 <u>左右</u>로 벌려 앉아 노를 저으며
노래를 불렀다.
: [　　　　　　　　　　　]

67 사람들은 자갈땅을 <u>農土</u>로 바꾸었다.
: [　　　　　　　　　　　]

---

06 다음 밑줄 친 漢字語를 漢字로 쓰세요.
68~77번

68 밤하늘에 <u>남북</u>으로 비낀 은하수를 보고
통일을 이야기하였다.
………………… [　　　]

69 허벅다리까지 바짓단을 걷어 올린 <u>청년</u>
들이 징검다리를 놓고 있었다.
………………… [　　　]

70 그는 선행으로 <u>만인</u>에게 칭찬을 받았다.
………………… [　　　]

71 등산을 하다가 암반에서 나오는 <u>생수</u>를
마셨다. ………… [　　　]

72 "메뚜기도 <u>유월</u>이 한철이다"라는 속담이
있다. ………… [　　　]

73 집 안은 텅 비어서 <u>산중</u>처럼 고요했다.
………………… [　　　]

74 누군가 내 이름을 부르며 우리 집 <u>대문</u>을
두드렸다. ………… [　　　]

75 수개미와 <u>여왕</u>개미는 날개가 있으나 일개
미는 없다. ………… [　　　]

76 시끄럽던 <u>교실</u> 분위기가 갑자기 가라앉
았다. ………… [　　　]

77 장꾼들은 <u>오일</u>장을 넘나들며 장사를 했다.
………………… [　　　]

---

07 다음 漢字의 색이 다른 획은 몇 번째 쓰는지
|보기|에서 찾아 그 번호를 쓰세요. 78~80번

|보기|
① 첫 번째　　② 두 번째　　③ 세 번째
④ 네 번째　　⑤ 다섯 번째　　⑥ 여섯 번째
⑦ 일곱 번째　　⑧ 여덟 번째　　⑨ 아홉 번째
⑩ 열 번째

78 東 ………… [　　　]

79 弟 ………… [　　　]

80 科 ………… [　　　]

01 다음 밑줄 친 漢字語의 讀音을 쓰세요.

01~32번

| 보기 |

漢字 → [한자]

01 자신의 감정을 솔직하게 <u>表現</u>하였습니다.
.... [   ]

02 그 일을 하기에는 <u>勇氣</u>가 필요합니다.
.... [   ]

03 따뜻한 <u>家庭</u>을 이루었습니다.
.... [   ]

04 어머니를 따라 <u>市場</u>에 갔습니다.
.... [   ]

05 물건 값을 <u>計算</u>해 보았습니다.
.... [   ]

06 인간에게 <u>有用</u>한 동물과 식물을 기릅니다.
.... [   ]

07 고구려의 <u>始祖</u>는 동명성왕입니다.
.... [   ]

08 젖은 손으로 <u>電線</u>을 만지면 위험합니다.
.... [   ]

09 선생님께서는 <u>正直</u>한 사람이 되라고 당부하셨습니다. .... [   ]

10 알고 보니, 두 사람은 <u>同窓</u>이었습니다.
.... [   ]

11 우리 고향 소식이 <u>新聞</u>에 실렸습니다.
.... [   ]

12 강촌에서 <u>自然</u>과 더불어 살아갑니다.
.... [   ]

13 그는 몸종처럼 <u>手足</u> 노릇을 하였습니다.
.... [   ]

14 여러분은 나라의 장래를 짊어질 새로운 <u>世代</u>입니다. .... [   ]

15 그들은 <u>所信</u>대로 바른말을 하였습니다.
.... [   ]

16 봄 날씨에 <u>百花</u>가 만발했습니다.
.... [   ]

17 어떻게 할 <u>道理</u>가 없었습니다.
.... [   ]

18 그곳의 경치는 <u>童話</u> 속 그림 같습니다.
.... [   ]

19 누구나 그의 <u>孝心</u>에 감탄하였습니다.
.... [   ]

20 인재들이 <u>工科</u>대학에 입학하였습니다.
.... [   ]

21 남아 있는 <u>飲食</u>을 모두 먹었습니다.
.... [   ]

22 자갈밭을 일구어 <u>農事</u>를 지었습니다.
.... [   ]

23 그 지역은 산림자원이 풍부하여 <u>林業</u>이 발달하였습니다. ····· [   ]

24 부모님은 자식 걱정에 <u>便安</u>할 날이 없습니다. ·············· [   ]

25 오늘 <u>體育</u>시간에 씨름을 배웠습니다. ·············· [   ]

26 노벨은 다이너마이트를 <u>發明</u>하였습니다. ·············· [   ]

27 전국에서 환경<u>運動</u>이 벌어지고 있습니다. ·············· [   ]

28 빠르게 대처하여 불은 이내 <u>消火</u>되었습니다. ·············· [   ]

29 우리 팀은 공격 <u>戰術</u>을 펼쳤습니다. ·············· [   ]

30 그는 <u>靑天</u>에 벼락이 떨어지는 듯 현기증을 느꼈습니다. ······ [   ]

31 단순히 <u>注入</u>된 지식은 오래가지 않습니다. ················ [   ]

32 그는 우주 비행에 <u>成功</u>하였습니다. ·············· [   ]

02 다음 漢字의 訓(훈;뜻)과 音(음;소리)을 쓰세요.
33~61번

보기
字 → [글자 자]

33 活[   ] **34** 省[   ]

35 作[   ] **36** 果[   ]

37 物[   ] **38** 歌[   ]

39 書[   ] **40** 立[   ]

41 放[   ] **42** 神[   ]

43 每[   ] **44** 幸[   ]

45 昨[   ] **46** 球[   ]

47 急[   ] **48** 形[   ]

49 班[   ] **50** 等[   ]

51 意[   ] **52** 利[   ]

53 出[   ] **54** 植[   ]

55 角[   ] **56** 弱[   ]

57 來[   ] **58** 界[   ]

59 光[   ] **60** 雪[   ]

61 身[   ]

03 다음 중 뜻이 서로 반대(상대)되는 漢字끼리 연결되지 않은 것을 고르세요. 62~63번

62 [   ] ① 春 ↔ 秋 ② 平 ↔ 和
③ 左 ↔ 右 ④ 老 ↔ 少

63 [   ] ① 內 ↔ 外 ② 冬 ↔ 夏
③ 洞 ↔ 邑 ④ 上 ↔ 下

04 다음 (   ) 안의 글자에 해당하는 漢字를 |보기|에서 찾아 번호를 쓰세요. 64~65번

|보기|
① 休   ② 村   ③ 名   ④ 命

64 사람의 생(   )보다 더 귀한 것은 없습니다. ·················· [   ]

65 형편이 어려워 (   )학하기로 하였습니다. ·················· [   ]

05 다음 漢字語의 알맞은 뜻을 쓰세요. 66~67번

66 登校 : [   ]

67 今年 : [   ]

06 다음 밑줄 친 漢字語를 漢字로 쓰세요. 68~77번

68 학생 수가 많아서 **교실**이 비좁습니다. ····························· [   ]

69 후손들은 **선인**의 뜻을 받들기로 하였습니다. ·················· [   ]

70 지역마다 **토목** 공사가 한창입니다. ····························· [   ]

71 음력 **시월**의 바다는 차가운 기운이 넘쳤습니다. ············ [   ]

72 여든 살의 **생일**잔치를 열었습니다. ····························· [   ]

73 정겹게 대화하는 **부녀**의 모습이 아름답습니다. ·················· [   ]

74 돌담이며 숫을**대문**이 남아 있습니다. ·················· [   ]

75 뜸부기는 **동북**아시아에서 번식합니다. ·················· [   ]

76 거실에는 **산수**를 그린 병풍이 펼쳐져 있습니다. ·················· [   ]

77 예부터 **장형**의 자리는 부모와 같다고 하였습니다. ·············· [   ]

07 다음 漢字의 색이 다른 획은 몇 번째 쓰는지 |보기|에서 찾아 그 번호를 쓰세요. 78~80번

|보기|
① 첫 번째   ② 두 번째   ③ 세 번째
④ 네 번째   ⑤ 다섯 번째   ⑥ 여섯 번째
⑦ 일곱 번째   ⑧ 여덟 번째   ⑨ 아홉 번째
⑩ 열 번째   ⑪ 열한 번째   ⑫ 열두 번째

78 空   ············· [   ]

79 弟   ············· [   ]

80 間   ············· [   ]

03회
한자능력검정시험 6급 II
기출·예상문제

(사) 한국어문회 주관	
합격문항	56문항
시험시간	50분
정 답	115쪽

01 다음 밑줄 친 漢字語의 讀音을 쓰세요.

01~32번

| 보기 |
漢字 → [한자]

01 그는 <u>才色</u>을 갖춘 아내를 맞이하였다.
　　　……………… [　　　　]

02 그는 서울을 떠나 <u>江村</u>에 묻혀 살았다.
　　　……………… [　　　　]

03 바람은 <u>風雪</u>에 멍든 나무를 어루만졌다.
　　　……………… [　　　　]

04 2학기 시험에서 <u>算數</u> 성적이 올랐다.
　　　……………… [　　　　]

05 가느다란 빗발이 메마른 땅을 적시기 <u>始作</u>
했다. ……………… [　　　　]

06 가족의 <u>所重</u>함을 깨달았다.
　　　……………… [　　　　]

07 경찰은 <u>市內</u> 중심가에서 검문을 벌였다.
　　　……………… [　　　　]

08 그의 소설에는 괴물이 자주 <u>登場</u>한다.
　　　……………… [　　　　]

09 환경산업을 <u>育成</u>하기로 하였다.
　　　……………… [　　　　]

10 기술 발달로 <u>農業</u> 생산력이 늘고 있다.
　　　……………… [　　　　]

11 조금씩 어둠이 사라지고 <u>光明</u>이 비껴들
었다. ……………… [　　　　]

12 강진은 도자기 제조업으로 <u>有名</u>합니다.
　　　……………… [　　　　]

13 회의 내용을 <u>書記</u>가 열심히 받아 적었다.
　　　……………… [　　　　]

14 서천군 한산 <u>地方</u>은 모시가 유명하다.
　　　……………… [　　　　]

15 고기잡이 등불이 캄캄한 <u>海面</u>을 붉게 물
들였다. ……………… [　　　　]

16 기묘한 <u>戰術</u>로 대승을 거두었다.
　　　……………… [　　　　]

17 공연한 고집을 피워서 <u>時間</u>만 허비하였다.
　　　……………… [　　　　]

18 그는 사람들에게 <u>信用</u>을 잃었다.
　　　……………… [　　　　]

19 도로 공사장에서 <u>旗手</u>가 신호를 보냈다.
　　　……………… [　　　　]

20 보다 쉽고 <u>便利</u>한 방법을 찾아냈다.
　　　……………… [　　　　]

21 바람을 이용하여 전기를 얻는 <u>發電</u>시설이
있다. ……………… [　　　　]

22 오랜만에 만난 <u>同窓</u>들과 즐거운 시간을
보냈다. ……………… [　　　　]

23 어리석고 **事理**에 어두운 사람들을 일깨웠다. ·················· [   ]

24 친구 관계가 좋은 아이를 **班長**으로 뽑았다.
················· [   ]

25 여러분 **家庭**에 행복이 가득하기를 기원합니다. ··········· [   ]

26 아버지께서는 평생 **正道**에서 벗어나지 않으려고 하셨다. ··· [   ]

27 몸에 무리가 가는 **運動**은 삼가야 한다.
················· [   ]

28 우승을 한 **代表** 팀은 박수갈채를 받았다.
················· [   ]

29 링거 병에서 약물이 **注入**되는 것을 지켜보았다. ··········· [   ]

30 빨간고추를 지붕 위에서 **自然** 건조시켰다.
················· [   ]

31 할아버지는 희귀한 **植物**을 찾아 온 세상을 탐험하신다. ······ [   ]

32 아이는 어머니를 보자 **安心**하는 표정이었다. ·············· [   ]

02 다음 漢字의 訓(훈;뜻)과 音(음;소리)을 쓰세요.
33~61번

| 보기
字 → [글자 자]

33 消[   ]   **34** 話[   ]

35 球[   ]   **36** 藥[   ]

37 幸[   ]   **38** 現[   ]

39 體[   ]   **40** 聞[   ]

41 線[   ]   **42** 弱[   ]

43 孝[   ]   **44** 和[   ]

45 集[   ]   **46** 林[   ]

47 飮[   ]   **48** 角[   ]

49 形[   ]   **50** 出[   ]

51 神[   ]   **52** 急[   ]

53 祖[   ]   **54** 新[   ]

55 計[   ]   **56** 身[   ]

57 功[   ]   **58** 圖[   ]

59 平[   ]   **60** 住[   ]

61 休[   ]

03 다음 중 뜻이 서로 반대(상대)되는 漢字끼리 연결되지 않은 것을 고르세요.   62~63번

62 [   ]   ① 老 ↔ 少   ② 夏 ↔ 冬
③ 上 ↔ 下   ④ 放 ↔ 勇

63 [   ]   ① 左 ↔ 右   ② 前 ↔ 後
③ 童 ↔ 活   ④ 兄 ↔ 弟

04 다음 (　　) 안의 글자에 해당하는 漢字를 |보기|에서 찾아 번호를 쓰세요. 64~65번

|보기|
① 青　② 教　③ 校　④ 清

64 오늘은 여느 때보다 이르게 학(　)에 도착했다. ·············· [　　　]

65 정원에서 (　)명한 까치 울음소리가 들려왔다. ·············· [　　　]

05 다음 漢字語의 알맞은 뜻을 쓰세요. 66~67번

66 케이크를 여섯 **等分**하였다.
: [　　　　　　　　　]

67 "너희 할아버지 **春秋**는 어떻게 되시니?"
: [　　　　　　　　　]

06 다음 밑줄 친 漢字語를 漢字로 쓰세요.
68~77번

68 **시월**의 하늘은 높고 파랬습니다.
·················· [　　　]

69 법 앞에서의 **만민**의 평등을 주장하였습니다. ·············· [　　　]

70 공원에는 **실외** 공연장도 있습니다.
·················· [　　　]

71 세자는 **부왕**의 뒤를 이어 지혜로운 임금이 되었습니다. ······ [　　　]

72 누나는 **여군**이 되었습니다.
·················· [　　　]

73 열대지방은 **연중** 기온이 높고 강우량이 많습니다. ·············· [　　　]

74 두 사람은 **사촌**이지만 친형제 같습니다.
·················· [　　　]

75 오늘은 동생의 **생일**이라 미역국을 먹었습니다. ·············· [　　　]

76 이곳은 **산수**가 좋아 널리 이름난 고장입니다. ·············· [　　　]

77 국경일을 맞아 **대문**에 태극기를 내걸었습니다. ·············· [　　　]

07 다음 漢字의 색이 다른 획은 몇 번째 쓰는지 |보기|에서 찾아 그 번호를 쓰세요. 78~80번

|보기|
① 첫 번째　② 두 번째　③ 세 번째
④ 네 번째　⑤ 다섯 번째　⑥ 여섯 번째
⑦ 일곱 번째　⑧ 여덟 번째　⑨ 아홉 번째
⑩ 열 번째

78 短 ·············· [　　　]

79 高 ·············· [　　　]

80 果 ·············· [　　　]

04회
한자능력검정시험 6급II
기출·예상문제

(사) 한국어문회 주관	
합격문항	56문항
시험시간	50분
정 답	116쪽

01 다음 漢字語의 讀音을 쓰세요. 01~32번

| 보기 |
漢字 → [한자]

01 도시를 떠나 農村으로 돌아가는 사람들이 늘고 있다. ……… [   ]

02 마을 주민들이 植木 행사를 갖기로 하였다.
……………………… [   ]

03 그는 삼 년간의 空白을 깨고 다시 무대에 섰다. ……………… [   ]

04 북극 動物들은 추위를 잘 견딘다.
……………………………… [   ]

05 "그것을 알면 내가 天才게?"
……………………………… [   ]

06 올림픽을 계기로 하여 사회體育에 대한 관심이 높아졌다. … [   ]

07 "너에게 그런 幸運이 온다면 어떻게 하겠니?" ……………… [   ]

08 정부는 公共사업을 벌여 실업문제를 해결하려고 하였다. … [   ]

09 농부에겐 땅이 生命이다.
……………………………… [   ]

10 호랑이가 길을 인도하여 名藥을 구해 부모의 병을 낫게 하였다.
……………………………… [   ]

11 그들은 화목한 家庭을 이루었다.
……………………………… [   ]

12 새로운 기계 發明에 성공하였다.
……………………………… [   ]

13 흉년이 들자 百姓에게 곡식을 나누어 주었다. ……………… [   ]

14 우리 江山을 화폭에 담아 놓았다.
……………………………… [   ]

15 지하수를 끌어 올려 工業용수로 이용하고 있다. ……………… [   ]

16 일을 끝내지 못하고 中間에 그만두었다.
……………………………… [   ]

17 남북대화를 위하여 직통電話를 설치하였다. ………………… [   ]

18 나뭇가지에 탐스러운 雪花가 피었습니다.
……………………………… [   ]

19 치솟던 金利가 다소 안정세를 되찾고 있다.
……………………………… [   ]

20 공원에는 짝을 이룬 젊은 男女들이 간간이 눈에 띄었다. ….. [   ]

21 상하기 쉬운 飲食은 소금에 절여서 보관하였다. ……………… [   ]

22 소년가장에 관한 기사가 新聞에 실렸다.
……………………………… [   ]

23 정거장이 멀어지면서 **車窓** 밖으로 새로운
풍경이 펼쳐졌다. … [   ]

24 그 지역은 산에 가로막혀 있어 교통이 **不便**
하다. …………… [   ]

25 소설에 **登場**하는 주인공은 작가가 만들어
낸 경우가 많다. … [   ]

26 사기꾼의 **術數**에 말려들었다.
……………………… [   ]

27 개성상인은 무엇보다 **信用**을 중시하였다.
……………………… [   ]

28 그는 적장과 직접 만나 **休戰** 문제를 담판
짓기로 하였다. …… [   ]

29 좀처럼 대문을 두드려 볼 **勇氣**가 나지 않
았다. …………… [   ]

30 자유와 **平等**을 국가 통치의 기본으로 삼
았다. …………… [   ]

31 항구에는 배가 자유롭게 **出入**하였다.
……………………… [   ]

32 부모님께 **孝道**해야 하는데 마음먹은 대
로 잘되지 않는다. ‥ [   ]

02 다음 漢字의 訓(훈;뜻)과 音(음;소리)을 쓰세요.
33~61번

| 보기 |
字 → [글자 자]

33 堂 [   ]   **34** 夏 [   ]

35 書 [   ]   **36** 老 [   ]

37 草 [   ]   **38** 火 [   ]

39 淸 [   ]   **40** 來 [   ]

41 始 [   ]   **42** 王 [   ]

43 和 [   ]   **44** 意 [   ]

45 歌 [   ]   **46** 心 [   ]

47 有 [   ]   **48** 紙 [   ]

49 表 [   ]   **50** 主 [   ]

51 少 [   ]   **52** 川 [   ]

53 重 [   ]   **54** 高 [   ]

55 直 [   ]   **56** 角 [   ]

57 林 [   ]   **58** 安 [   ]

59 自 [   ]   **60** 口 [   ]

61 冬 [   ]

03 다음 중 뜻이 서로 반대(상대)되는 漢字끼리
연결되지 않은 것을 고르세요.
62~63번

62 [   ] ① 春 ↔ 秋   ② 邑 ↔ 命
③ 上 ↔ 下   ④ 大 ↔ 小

63 [   ] ① 左 ↔ 右   ② 內 ↔ 外
③ 前 ↔ 後   ④ 水 ↔ 土

04 다음 (　) 안의 글자에 해당하는 漢字를 |보기|에서 찾아 번호를 쓰세요. 64~65번

|보기|
① 形　　② 活　　③ 現　　④ 海

64 바다가 내려다보이는 언덕에 (　)양 박물관이 세워졌다. ‥ [　　　]

65 10년 전에 (　)주소로 옮겨왔다.
‥‥‥‥‥‥‥‥‥ [　　　]

05 다음 漢字語의 알맞은 뜻을 쓰세요. 66~67번

66 오랜 세월 남의 **手足** 노릇을 하였다.
: [　　　]

67 이곳 **風光**은 누구에게나 시를 짓고 싶은 마음을 부추긴다.
: [　　　]

06 다음 밑줄 친 漢字語를 漢字로 쓰세요.
68~77번

68 몸살감기가 심해서 **학교**에 결석하였다.
‥‥‥‥‥‥‥‥‥ [　　　]

69 아이들은 **삼촌**이 온다고 좋아하였다.
‥‥‥‥‥‥‥‥‥ [　　　]

70 "**만일**, 너에게 무슨 일이 있게 되면 바로 연락해라." ‥‥‥‥ [　　　]

71 마을 뒷산에는 **형제**바위가 있습니다.
‥‥‥‥‥‥‥‥‥ [　　　]

72 학교를 빛낸 **동문**들의 사진을 전시하였다.
‥‥‥‥‥‥‥‥‥ [　　　]

73 수업 중에 **교실** 안에 새가 날아들었다.
‥‥‥‥‥‥‥‥‥ [　　　]

74 행진하는 **군인**들을 따라 걸어갔습니다.
‥‥‥‥‥‥‥‥‥ [　　　]

75 온 **국민**이 한데 뭉쳐 일어섰다.
‥‥‥‥‥‥‥‥‥ [　　　]

76 일을 돕겠다고 젊은 **청년**들이 찾아왔다.
‥‥‥‥‥‥‥‥‥ [　　　]

77 아이들은 일상 속에서 **부모**의 생활태도를 배운다. ‥‥‥‥ [　　　]

07 다음 漢字의 색이 다른 획은 몇 번째 쓰는지 |보기|에서 찾아 그 번호를 쓰세요. 78~80번

|보기|	
① 첫 번째	② 두 번째	③ 세 번째
④ 네 번째	⑤ 다섯 번째	⑥ 여섯 번째
⑦ 일곱 번째	⑧ 여덟 번째	⑨ 아홉 번째
⑩ 열 번째		

78 樂　　‥‥‥‥ [　　　]

79 班　　‥‥‥‥ [　　　]

80 圖　　‥‥‥‥ [　　　]

01 다음 밑줄 친 漢字語의 讀音을 쓰세요.

01~32번

보기
漢字 → [한자]

01 아버지의 고향은 **高祖** 때부터 살아왔던 곳이다. ············· [   ]

02 세자가 **代理**로 명령을 내렸다.

············· [   ]

03 땅을 일구어 **藥草**를 심어 길렀다.

············· [   ]

04 불우이웃에 대한 **各界**의 성원이 잇따랐다.

[   ]

05 우리들의 사진이 **記事**와 함께 실렸다.

············· [   ]

06 어머니는 **秋夕**을 맞아 떡을 하셨다.

············· [   ]

07 중요한 내용은 책의 **空白**에 기록해 두었다.

············· [   ]

08 장군은 지형을 이용하여 전쟁에 **有利**하게 진을 쳤다. ········· [   ]

09 관청에서 모범 **業所**를 소개하였다.

············· [   ]

10 그는 묻는 말에 **對答**을 하지 못했다.

············· [   ]

11 아내는 밤늦도록 **男便**을 기다렸다.

············· [   ]

12 오랜 노력 끝에 실험에 **成功**하였다.

············· [   ]

13 합동하는 두 **圖形**을 서로 포개어 놓았다.

············· [   ]

14 그는 제법 **體面**도 차릴 줄 알았다.

············· [   ]

15 선생님은 학생들에게 **勇氣**를 북돋아주었다. ············· [   ]

16 "슬기롭게 배우고 **正直**하게 생활하자!"

············· [   ]

17 홍길동은 스스로 **道術**을 지니고 있었다.

············· [   ]

18 올해는 **昨年**보다 많은 눈이 내렸다.

············· [   ]

19 공사장을 지날 때에는 **注意**해야 한다.

[   ]

20 그 나라는 두 언어를 **共用**하고 있다.

············· [   ]

21 드디어 **運命**의 순간이 왔다.

············· [   ]

22 거센 바람이 고요히 가라앉기 **始作**하였다.
       ················· [   ]

23 지난날을 뒤돌아보며 **反省**할 시간이 필
요하다. ················· [   ]

24 용돈을 모두 은행에 **入金**하였습니다.
       ················· [   ]

25 바느질한 **部分**에 실이 풀렸다.
       ················· [   ]

26 10년 만에 **同窓**이 한자리에 모였다.
       ················· [   ]

27 "우리가 한 일이 **果然** 잘한 일이었을까?"
       ················· [   ]

28 그에 대한 **風聞**은 사방으로 퍼졌다.
       ················· [   ]

29 **發表**할 차례가 돌아오자 가슴이 두근거
렸다. ················· [   ]

30 살기좋은 **農村**으로 변하고 있다.
       ················· [   ]

31 한때 **神童**으로 알려졌던 그는 너무도 평
범하였다. ·········· [   ]

32 방학 동안에 **書堂**에서 한문을 배웠다.
       ················· [   ]

02 다음 漢字의 訓(훈;뜻)과 音(음;소리)을 쓰세요.
                                 33~61번

| 보기 |

字 → [글자 자]

33 夏 [   ]   34 植 [   ]

35 班 [   ]   36 住 [   ]

37 飮 [   ]   38 海 [   ]

39 話 [   ]   40 今 [   ]

41 重 [   ]   42 弱 [   ]

43 光 [   ]   44 消 [   ]

45 登 [   ]   46 雪 [   ]

47 工 [   ]   48 庭 [   ]

49 現 [   ]   50 時 [   ]

51 世 [   ]   52 等 [   ]

53 民 [   ]   54 角 [   ]

55 來 [   ]   56 春 [   ]

57 林 [   ]   58 急 [   ]

59 集 [   ]   60 球 [   ]

61 歌 [   ]

03 다음 중 뜻이 서로 반대(상대)되는 漢字끼리 연결되지 않은 것을 고르세요.   62~63번

62 [   ]   ① 天 ↔ 地   ② 老 ↔ 少
                                ③ 活 ↔ 動   ④ 心 ↔ 身

63 [   ]   ① 手 ↔ 足   ② 長 ↔ 短
                                ③ 先 ↔ 後   ④ 計 ↔ 算

04 다음 ( ) 안에 들어갈 알맞은 漢字를 |보기|
에서 찾아 번호를 쓰세요.　　64~65번

|보기|
① 全　　② 冬　　③ 戰　　④ 動

64 삼팔선을 중심으로 휴( )선이 생겼다.
　　‥‥‥‥‥‥‥‥‥‥‥ [　　　　]

65 보일러는 일정한 온도가 되면 자( )으
로 작동하였다. ‥‥‥ [　　　　]

05 다음 漢字語의 알맞은 뜻을 쓰세요. 66~67번

66 아침 일찍 일어나 **食前**에 운동을 하였다.
　　: [　　　　　　　　　]

67 밤은 깊은데, **月色**만 중천에 낙락하다.
　　: [　　　　　　　　　]

06 다음 밑줄 친 漢字語를 漢字로 쓰세요.
　　68~77번

68 그 **부녀**에 대한 소리는 두고두고 다정한
이야깃거리로 남았다.
　　‥‥‥‥‥‥‥‥‥‥ [　　　　]

69 율곡은 **십만** 군사를 기르자고 주장하였다.
　　‥‥‥‥‥‥‥‥‥‥ [　　　　]

70 왜구들은 **남서** 해안 지방을 자주 침략하
였다. ‥‥‥‥‥‥‥‥ [　　　　]

71 세종**대왕**은 역사에 길이 남을 많은 업적
을 이루었다. ‥‥‥ [　　　　]

72 동생은 **생일**선물을 받고 즐거워하였다.
　　‥‥‥‥‥‥‥‥‥‥ [　　　　]

73 응원단은 자기 **학교**를 목이 터져라 응원
하였다. ‥‥‥‥‥‥ [　　　　]

74 어머니는 **외삼촌**과 헤어지며 눈물을 흘
리셨다. ‥‥‥‥‥‥ [　　　　]

75 강물이 **동북**쪽으로 휘어져 흘렀다.
　　‥‥‥‥‥‥‥‥‥‥ [　　　　]

76 한눈에 두 사람이 **형제**임을 알아볼 수 있
었다. ‥‥‥‥‥‥‥‥ [　　　　]

77 우리는 방과 후에 **교실** 유리창을 닦았다.
　　‥‥‥‥‥‥‥‥‥‥ [　　　　]

07 다음 漢字의 색이 다른 획은 몇 번째 쓰는지
|보기|에서 찾아 그 번호를 쓰세요. 78~80번

|보기|
① 첫 번째　　② 두 번째　　③ 세 번째
④ 네 번째　　⑤ 다섯 번째　　⑥ 여섯 번째
⑦ 일곱 번째　　⑧ 여덟 번째　　⑨ 아홉 번째
⑩ 열 번째

78 每 ‥‥‥‥‥ [　　　　]

79 火 ‥‥‥‥‥ [　　　　]

80 花 ‥‥‥‥‥ [　　　　]

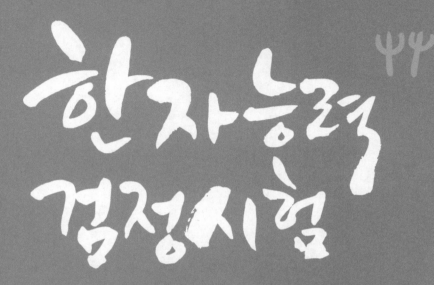

(사) **한국어문회** 주관

한자능력 검정시험

정답 및 해설 6급 II

▷ 예상문제 1회 ~ 10회

▷ 기출·예상문제 1회 ~ 5회

해설

01	가정	02	명약	03	공작	04	출전
05	주제	06	농촌	07	광선	08	집중
09	대등	10	체육	11	화기	12	직각
13	성장	14	운용	15	현장	16	동락
17	북한	18	각지	19	분수	20	식전
21	재동	22	방심	23	백설	24	주의
25	평면	26	이자	27	신세	28	조상
29	노약	30	하기	31	금시	32	정오
33	여름 하	34	귀신 신	35	창 창	36	올 래
37	공 구	38	떼 부	39	편안 안	40	모일 회
41	무거울 중	42	돌이킬 반	43	번개 전	44	다스릴 리
45	모일 사	46	일 사	47	움직일 동	48	편할 편
49	들을 문	50	집 당	51	온전 전	52	셀 계
53	짧을 단	54	날랠 용	55	말씀 어	56	나눌 반
57	노래 가	58	재주 술	59	기록할 기	60	쇠금/성김
61	밝을 명	62	③	63	②	64	⑤
65	火山	66	王國	67	萬民	68	水軍
69	三寸	70	大人	71	先生	72	父兄
73	學校	74	十月	75	③	76	①
77	④	78	③				
79	(남에게 의지하지 않고) 자기의 힘으로 해나감						
80	소리를 없애거나 작게 함						

02 名藥(명약)▶(이름 명)(약   약)
: 효험이 좋아 이름난 약.
→ '名'자의 대표 훈은 '이름'이나 여기에서는 '이름나다'를 뜻합니다.

09 對等(대등)▶(대할 대)(무리 등) : 서로 견주어 높고 낮음이나 낫고 못함이 없이 비슷함.
→ '等'자의 대표 훈은 '무리'이나 여기에서는 '가지런하다, 같다'를 뜻합니다.

12 直角(직각)▶(곧을 직)(뿔   각)
: 두 직선이 만나서 이루는 90도의 각.
→ '角'자의 대표 훈은 '뿔'이나 여기에서는 '각, 각도'를 뜻합니다.

13 成長(성장)▶(이룰 성)(긴   장) : 자라서 점점 커짐.
→ '長'자의 대표 훈은 '길다'이나 여기에서는 '자라다'를 뜻합니다.

16 同樂(동락)▶(한가지 동)(즐길 락) : 같이 즐김.
→ '樂'자는 쓰임에 따라 뜻과 소리가 달라지는 글자입니다. 참 樂(즐길 락, 노래 악, 좋아할 요)

19 分數(분수)▶(나눌 분)(셈   수)
: ① 사물을 분별하는 지혜. ② 자기 신분에 맞는 한도. ③ 정수 a를 0이 아닌 정수 b로 나눈 몫을 a/b로 표시한 것. → 여기에서는 ②의 뜻.

26 利子(이자)▶(이할 리)(아들 자)
: 남에게 돈을 빌려 쓴 대가로 치르는 일정한 비율의 돈. 길미, 변(邊), 변리(邊利), 이문(利文)이라고도 함.

→ '利'자의 본음은 '리'이나 여기에서는 두음법칙에 의해 '이'로 읽고 적습니다.

→ '子'자의 대표 훈은 '아들'이나 여기에서는 '접미사'를 뜻합니다.

참 두음법칙(頭音法則) : 일부 소리가 단어의 첫머리에 발음되는 것을 꺼려 다른 소리로 발음되는 일. 'ㅣ, ㅑ, ㅕ, ㅛ, ㅠ' 앞에서의 'ㄹ'과 'ㄴ'이 'ㅇ'이 되고, 'ㅏ, ㅓ, ㅗ, ㅜ, ㅡ, ㅐ, ㅔ, ㅚ' 앞의 'ㄹ'은 'ㄴ'으로 변하는 것 따위이다.

30 下旗(하기)▶(아래 하)(기　기) : 기를 내림.
→ '下'자의 대표 훈은 '아래'이나 여기에서는 '내리다'를 뜻합니다.

37 '球'자의 부수는 '玉(구슬 옥)'이나 실제 글자 속에서는 '王(임금 왕)'자와 같이 마지막 점을 생략하여 씁니다.

38 '部'자의 대표 훈인 '떼'는 '時'자의 대표 훈인 '때'와 혼동하기 쉬우므로 그 뜻을 구별해야 합니다. '떼'는 '무리'를 뜻하고, '때'는 '시간'을 뜻합니다.

62 先(먼저 선, 총6획) : ノ 一 牛 牛 先 先
참 가로획과 세로획이 서로 겹칠 때에는 가로획을 먼저 쓰고, 세로획을 나중에 씁니다.

63 內(안　내, 총4획) : ㅣ 冂 内 內 / ㅣ 冂 內 內
참 '內'자는 서체에 따라 안쪽을 '入'자, 또는 '人'자로 씁니다.

64 半(반　반, 총5획) : ㆍ ㆍ ㅑ 生 半
참 획을 뚫고 지나는 획은 맨 나중에 씁니다.

67 萬民(만민)▶(일만 만)(백성 민)
→ 여기에서 '萬'자는 '많다, 온갖'을 뜻합니다.

74 十月(시월)▶(열　십)(달　월)
→ '十'자는 '月'자 앞에서는 '시'로 발음되어 '시월'로 읽고 적어야 합니다.
참 十方(시방), 六月(유월), 五六月(오뉴월), 初八日(초파일)

02회 예상문제　　30쪽~32쪽

01	입지	02	기색	03	휴화산	04	서부
05	과학	06	역작	07	일기	08	차창
09	성과	10	이장	11	신문	12	전집
13	교육	14	해풍	15	정직	16	면전
17	청산	18	음악	19	이용	20	동체
21	고수	22	평화	23	농업	24	편안
25	운명	26	대신	27	화제	28	반대
29	매사	30	노후	31	명분	32	공백
33	저자 시	34	그림 도	35	다행 행	36	심을 식
37	그럴 연	38	풀 초	39	밝을 명	40	각각 각
41	놓을 방	42	급할 급	43	업 업	44	눈 설
45	골 동	46	모양 형	47	마당 장	48	마실 음
49	모 방	50	나타날 현	51	모일 사	52	한가지 공 / 함께 공
53	재주 술	54	반 반	55	겉 표		
56	고을 읍	57	사이 간	58	사라질 소	59	일만 만
60	마디 촌	61	필 발	62	②	63	③
64	⑦	65	萬金	66	大王	67	軍民
68	室外	69	父女	70	韓·中	71	國土
72	南北	73	靑	74	一生	75	④
76	③	77	①	78	③		
79	학교에 감 / 학교 길에 오름						
80	매우 귀중함						

해설

01 立地(입지)▶(설　립)(따　지)
: 인간이 경제활동을 하기 위하여 선택하는 장소.
→ '立'자의 본음은 '립'이나 여기에서는 두음법칙에 의해 '입'으로 읽고 적습니다.

참 06. 力作(역작) 10. 里長(이장) 19. 利用(이용) 30. 老後(노후)

08 車窓(차창)▶(수레 차)(창 창)
→ '車'자는 쓰임에 따라 뜻과 소리가 달라지는 글자입니다. **참** 車(수레 거, 수레 차)

09 成果(성과)▶(이룰 성)(실과 과)
: 이루어 낸 결실. 보람.
→ '果'자의 대표 훈은 '실과'이나 여기에서는 '결과, 결실'을 뜻합니다.

10 里長(이장)▶(마을 리)(긴 장)
: 행정 구역의 단위인 '리(里)'를 대표하여 일을 맡아보는 사람.
→ '長'자의 대표 훈은 '길다'이나 여기에서는 '우두머리'를 뜻합니다.

17 淸算(청산)▶(맑을 청)(셈 산)
: ① 서로 간에 갚거나 받을 관계를 셈하여 깨끗이 해결함. ② 과거의 부정적 요소를 깨끗이 씻어 버림.

18 音樂(음악)▶(소리 음)(노래 악)
→ '樂'자는 쓰임에 따라 뜻과 소리가 달라지는 글자입니다.
참 樂(즐길 락, 노래 악, 좋아할 요)

21 高手(고수)▶(높을 고)(손 수)
: (바둑이나 장기 따위에서) 수가 높은 사람, 또는 어떤 분야나 집단에서 기술이나 능력이 매우 뛰어난 사람.
→ '手'자의 대표 훈은 '손'이나 여기에서는 '선수의 뜻을 더하는 접미사'를 뜻합니다.

31 名分(명분)▶(이름 명)(나눌 분)
: ① 각각의 이름이나 신분에 따라 마땅히 지켜야 할 도리 ② 일을 꾀할 때 내세우는 구실이나 이유 따위.
→ '分'자는 여기에서 '분수(分數)'를 뜻합니다.

32 空白(공백)▶(빌 공)(흰 백)
: ① 종이나 책 따위에서 글씨나 그림이 없는 빈 곳 ② 아무것도 없이 비어 있음.

33 '市'자의 뜻인 '저자'는 '시장' 또는 '시장에서 물건을 파는 가게'를 뜻합니다.

40 '各'자는 '名(이름 명)'자와 모양이 비슷하여 혼동하기 쉬운 글자입니다.

48 '飮'자의 부수는 '食(먹을 식)'이나 글자 속에 쓰일 때에는 '食'자에서 한 획을 줄여서 씁니다.

51 '社'자의 부수는 '示(보일 시)'이나 서체에 따라 'ネ'와 같은 모양으로 쓰기도 합니다. **참** 社 = 社

56 '邑'자는 '色(빛 색)'자와 모양이 비슷하여 혼동하기 쉬운 글자입니다.

62 冬(겨울 동, 총5획) : ⺈ 久 冬 冬 冬
참 삐침[丿]과 파임[乀]이 서로 교차, 또는 만날 때에는 삐침[丿]을 먼저 쓰고, 파임[乀]을 나중에 씁니다.

63 不(아닐 불, 총4획) : 一 ア 不 不
참 위에서 아래로, 왼쪽에서 오른쪽으로 씁니다.

64 秋(가을 추, 총9획) : 一 二 千 禾 禾 禾 秋 秋 秋
참 '火'자는 위의 두 점을 먼저 쓰고, '人'을 나중에 씁니다.

70 韓中(한중)▶(나라 한)(가운데 중)
: 한국과 중국.

72 南北(남북)▶(남녘 남)(북녘 북) : 남한과 북한.
→ 서로 뜻이 상대되는 한자로 결합된 한자어입니다.

80 所重(소중)▶(바 소)(무거울 중)
→ '重'자의 대표 훈은 '무겁다'이나 여기에서는 '중히 여기다, 중요하다'를 뜻합니다.

03회 예상문제   33쪽~35쪽

01	공평	02	작금	03	촌리	04	교가
05	문제	06	일방	07	교실	08	부족
09	해상	10	변소	11	단신	12	전부
13	등수	14	반기	15	표현	16	정문
17	시작	18	활동	19	업주	20	외래
21	방생	22	급전	23	춘추	24	자연
25	신수	26	직선	27	전후	28	고음
29	동창	30	선발	31	명명	32	성장
33	고을 읍	34	오를 등	35	집 당	36	낯 면
37	다스릴 리	38	기록할 기	39	빛 색	40	밝을 명
41	날 출	42	물건 물	43	쉴 휴	44	마실 음
45	눈 설	46	각각 각	47	인간 세	48	꽃 화
49	마당 장	50	뜰 정	51	부을 주	52	장인 공
53	나라 한	54	수풀 림	55	옮길 운	56	약할 약
57	실과 과	58	셈 산	59	아이 동	60	말씀 화
61	모일 회	62	⑤	63	⑦	64	⑤
65	年金	66	中東	67	日日	68	兄弟
69	靑山	70	⑥	71	③	72	⑦
73	④	74	⑤	75	①	76	④
77	①	78	④	79	(스스로를) 돌이켜 살핌		
80	바람의 힘 / 바람의 세기						

해설 🎯

02 昨今(작금)▶(어제 작)(이제 금) : 어제와 오늘.
→ 서로 뜻이 상대되는 한자로 결합된 한자어입니다.
참 23. 春秋(춘추) 68. 兄弟(형제)

03 村里(촌리)▶(마을 촌)(마을 리)
: 서로 뜻이 비슷한 한자로 결합된 한자어입니다.

06 一方(일방)▶(한 일)(모 방)
: 어느 한쪽, 또는 어느 한편.
→ '方'자의 대표 훈은 '모(네모)'이나 여기에서는 '방향, 방위'를 뜻합니다.

08 不足(부족)▶(아닐 불)(발 족)
: (필요한 양이나 기준에 미치지 못해) 충분하지 아니함.
→ '不'자는 'ㄷ'이나 'ㅈ'으로 시작되는 말 앞에서는 '부'로 읽고 적습니다.
→ '足'자의 대표 훈은 '발'이나 여기에서는 '넉넉하다'를 뜻합니다.

10 便所(변소)▶(똥오줌 변)(바 소)
→ '所'자의 대표 훈은 '바'이나 여기에서는 '곳·장소'를 뜻합니다.
→ '便'자는 쓰임에 따라 뜻과 소리가 달라지는 글자입니다. 참 便(편할 편, 똥오줌 변)

11 短信(단신)▶(짧을 단)(믿을 신)
: ① 짧게 쓴 편지. ② 짤막하게 전하는 뉴스.
→ '信'자의 대표 훈은 '믿음'이나 여기에서는 '편지, 소식'을 뜻합니다.

14 半旗(반기)▶(반 반)(기 기)
: 조의(弔意)를 나타내기 위하여 깃봉에서 기의 한 폭만큼 내려서 다는 국기. '조기(弔旗)'라고도 함.

22 急電(급전)▶(급할 급)(번개 전)
: 급한 일을 알리는 전보나 전화.

23 春秋(춘추)▶(봄 춘)(가을 추)
: ① 봄·가을 ② 한 해 ③ 어른의 나이를 높여 이르는 말.

25 身手(신수)▶(몸 신)(손 수) : 용모와 풍채.

30 先發(선발)▸(먼저 선)(필 발)
: ① 남보다 먼저 어떤 일을 시작하거나 길을 떠남. ② (운동경기에서) 경기가 시작되면서부터 출전하는 일.

32 成長(성장)▸(이룰 성)(긴 장)
→ '長'자의 대표 훈은 '길다'이나 여기에서는 '자라다'를 뜻합니다.

35 '堂'자는 '室(집 실)'자와 모양이 비슷하여 혼동하기 쉬운 글자입니다.

44 '飮'자는 서체에 따라 '飮'자와 같은 모양으로 쓰기도 합니다. 또한 '食'자는 부수로 쓰일 때에 '飮'자와 같이 한 획을 줄여서 씁니다.

62 足(발 족, 총7획) : 丶 ㅁ ㅁ ㅁ ㅁ ㅁ 足
참 '足'자는 '正'자와 필순이 비슷합니다.

63 長(긴 장, 총8획) : ˉ ㄷ ㅌ ㅌ 長 / ㅣ ㅏ ㅌ ㅌ 長
참 삐침[丿]과 파임[乀]이 서로 교차, 또는 만날 때에는 삐침[丿]을 먼저 쓰고, 파임[乀]을 나중에 씁니다.

64 代(대신할 대, 총5획) : 丿 亻 亻 代 代
참 글자의 오른쪽 위의 점은 맨 나중에 씁니다.

65 年金(연금)▸(해 년)(쇠 금)
: 특별한 공로가 있거나 예금을 한 사람에게 일정 기간 동안 또는 종신(終身)에 걸쳐서 해마다 지급되는 일정액의 돈.
→ '年'자의 본음은 '년'이나 여기에서는 두음법칙에 의해 '연'으로 적는다.

67 日日(일일)▸(날 일)(날 일) : 매일(每日).

79 反省(반성)▸(돌이킬 반)(살필 성)
: 자신에게 잘못이나 부족함이 없는지 돌이켜 봄.
→ '省'자는 쓰임에 따라 뜻과 소리가 달라지는 글자입니다.
참 省(살필 성, 덜 생)

01	화술	02	입하	03	사물	04	화초
05	신입	06	만전	07	창구	08	자체
09	차주	10	등과	11	출발	12	남촌
13	육성	14	십리	15	답신	16	남녀
17	지도	18	산수	19	제부	20	공업
21	읍내	22	부정	23	집계	24	독서
25	용지	26	직각	27	농악	28	급소
29	동편	30	가전	31	목수	32	모천
33	저자 시	34	공 공	35	무리 등	36	한가지 동
37	먹을 식	38	이름 명	39	재주 재	40	수풀 림
41	적을 소	42	할아비 조	43	마실 음	44	날랠 용
45	제목 제	46	다행 행	47	공평할 공	48	지경 계
49	집 당	50	때 부	51	겉 표	52	뜰 정
53	지을 작	54	기 기	55	약할 약	56	그럴 연
57	반 반	58	무거울 중	59	일천 천	60	아홉 구
61	줄 선	62	①	63	⑥	64	④
65	③	66	①	67	학교에서 (수업과 업무를) 한동안 쉼		
68	뜻밖 / 생각 밖						
69	②	70	①	71	一一	72	軍人
73	韓國	74	大門	75	二月	76	先王
77	長女	78	敎室	79	年中	80	北西

해설

02 立夏(입하)▸(설 립)(여름 하)
: 이십사절기의 하나로, 양력(陽曆) 5월 5일경, 즉 곡우(穀雨)와 소만(小滿) 사이에 들며, 이때부터 여름이 시작된다고 한다.

06 萬全(만전)▶(일만 만)(온전 전)
: 조금도 허술함이 없이 아주 완전함. 완전, 최선.

07 窓口(창구)▶(창 창)(입 구)
: (영업소 따위에서) 손님과 문서·돈·물건 따위를 주고받을 수 있게 조그마하게 창을 내거나 대(臺)를 마련하여 놓은 곳.

10 登科(등과)▶(오를 등)(과목 과)
: 과거(科擧)에 급제하던 일.
→ '科'자의 대표 훈은 '과목(科目)'이나 여기에서는 '과거(科擧) 즉 옛날, 관리를 뽑을 때 실시하던 시험'을 뜻합니다.

14 十里(십리)▶(열 십)(마을 리)
→ '里'자의 대표 훈은 '마을'이나 여기에서는 '거리의 단위'를 뜻합니다. 1리는 약 0.393km = 약 393m에 해당합니다.

16 男女(남녀)▶(사내 남)(계집 녀)
→ 서로 뜻이 반대, 또는 상대되는 글자로 결합된 한자어입니다.

18 算數(산수)▶(셈 산)(셈 수)
→ 서로 뜻이 비슷한 유의자로 결합된 한자어입니다.

22 不正(부정)▶(아닐 불)(바를 정)
: 올바르지 아니하거나 옳지 못함.
→ '不'자는 'ㄷ'이나 'ㅈ'으로 시작되는 말 앞에서는 '부'로 읽고 적습니다.
참 不足(부족), 不道德(부도덕)

23 集計(집계)▶(모을 집)(셀 계)
: 관계가 있는 사실들을 모두 모아서 계산하는 것.

28 急所(급소)▶(급할 급)(바 소)
: ① 조금만 다쳐도 생명에 지장을 주는 몸의 중요한 부분. ② 사물의 가장 중요한 곳.

29 東便(동편)▶(동녘 동)(편할 편) : 동쪽 편.

→ '便'자의 대표 훈은 '편하다'이나 여기에서는 '쪽, 또는 방향'을 뜻합니다.

30 家電(가전)▶(집 가)(번개 전)
: 가전제품(家電製品). 가정에서 사용하는 세탁기, 냉장고, 텔레비전 따위의 전기 기기 제품.

31 木手(목수)▶(나무 목)(손 수)
: 나무로 집을 짓거나 가구, 기구 따위를 만드는 일을 업으로 하는 사람.
→ '手'자의 대표 훈은 '손'이나 여기에서는 '(일부 명사 뒤에 붙어)그것을 직업으로 하는 사람'을 뜻합니다.

32 母川(모천)▶(어미 모)(내 천)
: 물고기가 태어나서 바다로 내려갈 때까지 자란 하천.

62 出(날 출, 총5획) : ㅣ 屮 屮 出 出

63 字(글자 자, 총6획) : ` ㆍ 宀 宀 字 字

64 四(넉 사, 총5획) : ㅣ 冂 冂 四 四

65 物心(물심)▶(물건 물)(마음 심)
: 물질적인 것과 정신적인 것.

69 利文(이문)▶(이할 리)(글월 문)
: 이익이 남는 돈.

71 一一(일일-)▶(한 일)(한 일)
: 하나씩 하나씩. 하나하나.

76 先王(선왕)▶(먼저 선)(임금 왕)
: 조상 세대의 임금.

77 長女(장녀)▶(긴 장)(계집 녀) : 맏딸.
→ '長'자의 대표 훈은 '길다'이나 여기에서는 '맏이'를 뜻합니다.

79 年中(연중)▶(해 년)(가운데 중) : 한 해 동안.
→ '年'자의 본음은 '년'이나 여기에서는 두음법칙에 의해 '연'으로 읽고 적습니다.

05회 예상문제 39쪽~41쪽

01	표현	02	운동	03	대립	04	도리
05	민간	06	약체	07	농업	08	회화
09	기구	10	고조	11	평등	12	가악
13	명수	14	교육	15	기입	16	소변
17	휴지	18	신명	19	전술	20	발명
21	등장	22	시급	23	서신	24	과연
25	부문	26	전과	27	교정	28	식물
29	공사	30	소용	31	내주	32	중력
33	귀신 신	34	모양 형	35	비로소 시	36	빌 공
37	나눌 반	38	날 출	39	부을 주	40	마을 촌
41	저녁 석	42	대신할 대	43	각각 각	44	이제 금
45	뿔 각	46	지경 계	47	고을 읍	48	모을 집
49	눈 설	50	푸를 청	51	줄 선	52	새 신
53	내 천	54	아이 동	55	손 수	56	효도 효
57	곧을 직	58	성 성	59	대답 답	60	불 화
61	공 공	62	⑤	63	③	64	②
65	④	66	③	67	보고 있는 앞		
68	서로 화합하지 못함 / 서로 사이좋게 지내지 못함						
69	②	70	④	71	六月	72	三十
73	室外	74	生日	75	年長	76	山水
77	國軍	78	大韓	79	水中	80	母女

해설 🎯

03 對立(대립)▶(대할 대)(설   립)
: 서로 반대되거나 모순됨.

10 高祖(고조)▶(높을 고)(할아비 조)
: 고조할아버지.

12 歌樂(가악)▶(노래 가)(노래 악)
: '노래와 풍악'을 아울러 이르는 말이다.
참 가락 : '소리의 높낮이가 길이나 리듬과 어울려 나타나는 음의 흐름'을 뜻하는 말로, 한자로 쓸 때에는 '加樂(가락)'으로 적기도 한다.

15 記入(기입)▶(기록할 기)(들   입)
: 수첩이나 문서 따위에 써넣음.

16 小便(소변)▶(작을 소)(똥오줌 변)
→ '便'자는 쓰임에 따라 뜻과 소리가 달라지는 글자입니다.
참 便(편할 편, 똥오줌 변)

23 書信(서신)▶(글   서)(믿을 신) : 편지.
→ 여기에서 '書'자와 '信'자는 '편지'를 뜻합니다.

24 果然(과연)▶(실과 과)(그럴 연)
: ①아닌 게 아니라 정말로. ②알고 보니 정말.

29 公社(공사)▶(공평할 공)(모일 사)
: 국가적 사업을 수행하기 위하여 설립된 공공(公共) 기업체의 하나.

31 來住(내주)▶(올   래)(살   주) : 옮겨와서 삶.
→ '來'자의 본음은 '래'이나 여기에서는 두음법칙에 의해 '내'로 읽고 적습니다.

32 重力(중력)▶(무거울 중)(힘   력)
: 지구 위의 물체를 지구의 중심 방향으로 끌어당기는 힘.

33 '神'자의 부수는 '示(보일 시)'이나 서체에 따라 'ネ'와 같은 모양으로 쓰기도 합니다.
참 神 = 神

42 '代'자는 '伐(칠 벌)'자와 모양이 비슷하여 혼동하기 쉬운 글자입니다.

44 '숙'자는 '令(하여금 령)'자와 모양이 비슷하여 혼동하기 쉬운 글자입니다.

52 '新'자는 '親(친할 친)'자와 모양이 비슷하여 혼동하기 쉬운 글자입니다.

58 '姓'자는 '性(성품 성)'자와 모양이 비슷하여 혼동하기 쉬운 글자입니다.

62 母(어미 모, 총5획) : ㄴ 𠃌 𠃌 母 母
참 획을 뚫고 지나는 획은 맨 나중에 씁니다.

63 方(모　방, 총4획) : ` 亠 方 方

64 左(왼　좌, 총5획) : 一 ナ 𠂇 𠂇 左
참 가로획보다 삐침[丿]이 길 때에는 가로획을 먼저 씁니다.

69 不正(부정)▶(아닐 불)(바를 정)
: 올바르지 아니하거나 옳지 못함.
→ '不'자의 본음은 '불'이나 'ㄷ'이나 'ㅈ'으로 시작되는 말 앞에서는 '부'로 읽고 적습니다.

70 問安(문안)▶(물을 문)(편안 안)
: 웃어른께 안부를 여쭘.

71 六月(유월)▶(여섯 륙)(달　월)
→ '六'자의 본음은 '륙'이나 '月'자 앞에서는 '유'로 읽고 적습니다.
참 十方(시방), 十月(시월), 五六月(오뉴월), 初八日(초파일)

76 山水(산수)▶(메　산)(물　수)
: '산과 물'이라는 뜻으로, '경치'를 이르는 말.
참 算數(산수) : 수의 성질, 셈의 기초, 초보적인 기하 따위를 가르치는 학과목.

79 水中(수중)▶(물　수)(가운데 중) : 물속.
참 手中(수중) : ① 손안. ② 자기가 가질 수 있거나 행사할 수 있는 범위.

06회 예상문제
42쪽~44쪽

01	오전	02	반공	03	세사	04	대성
05	내실	06	소풍	07	창문	08	임업
09	정답	10	소문	11	입구	12	제일
13	유명	14	현금	15	집회	16	수술
17	운용	18	주력	19	춘설	20	음식
21	전신	22	명백	23	계가	24	전체
25	고지	26	각계	27	천재	28	방가
29	동의	30	형편	31	신화	32	분반
33	약 약	34	일백 백	35	바다 해	36	기를 육
37	과목 과	38	다행 행	39	공평할 공	40	살 주
41	지아비 부	42	뜰 정	43	사이 간	44	여름 하
45	날랠 용	46	종이 지	47	마을 촌	48	제목 제
49	약할 약	50	이할 리	51	급할 급	52	맑을 청
53	무리 등	54	효도 효	55	골 동	56	쉴 휴
57	아이 동	58	꽃 화	59	무거울 중	60	돌이킬 반
61	마당 장	62	⑥	63	③	64	①
65	六二五	66	西山	67	八月	68	父女
69	七萬	70	白日	71	民生	72	國母
73	北韓	74	九十	75	①	76	④
77	글을 짓다	78	키	79	⑤	80	④

해설

02 半空(반공)▶(반　반)(빌　공)
: 땅으로부터 그리 높지 않은 허공(虛空). 반천(半天). 반공중(半空中).

05 內室(내실)▶(안　내)(집　실)

: ① 안방. ② 영업을 하는 장소에서 주인이 기거하는 방.

06 消風(소풍)▶(사라질 소)(바람 풍)
: ① 휴식을 위해 야외에 나갔다 오는 일. ② 자연 관찰이나 역사 유적 따위의 견학을 겸하여 야외로 갔다 오는 일.
→ '消'자의 대표 훈은 '사라지다'이나 여기에서는 '거닐다, 노닐다'를 뜻하므로 '소풍'의 한자어를 '逍風'으로 쓰기도 합니다. 참 逍(노닐 소)

08 林業(임업)▶(수풀 림)(업 업)
: 경제적 이윤을 얻기 위하여 삼림(森林)을 경영하는 사업. 산림업(山林業).
→ '林'자의 본음은 '림'이나 여기에서는 두음법칙에 의해 '임'으로 읽고 적습니다.

13 有名(유명)▶(있을 유)(이름 명)
: 이름이 널리 알려져 있음.
→ '名'자의 대표 훈은 '이름'이나 여기에서는 '이름나다'를 뜻합니다.

23 計家(계가)▶(셀 계)(집 가)
: 바둑을 다 둔 뒤에 이기고 진 것을 가리기 위하여 집 수를 헤아리는 일.

26 各界(각계)▶(각각 각)(지경 계)
: 사회의 각 분야(分野).
→ '界'자의 대표 훈은 '지경'이나 여기에서는 '세계'를 뜻합니다.

28 高聲放歌(고성방가)
▶(높을 고)(소리 성)(놓을 방)(노래 가)
: 술에 취하여 거리에서 큰 소리를 지르거나 노래를 부르는 짓.

33 '藥'자는 '樂(즐길 락, 노래 악, 좋아할 요)'자와 모양이 비슷하여 혼동하기 쉬운 글자입니다.

37 '科'자는 '料(헤아릴 료)'자와 모양이 비슷하여 혼동하기 쉬운 글자입니다.

38 '幸'자는 '辛(매울 신)'자와 모양이 비슷하여 혼동하기 쉬운 글자입니다.

62 來(올 래, 총 8획) : 一 厂 厂 丞 丞 夾 來 來

63 道(길 도, 총13획)
: 丶 丷 丷 首 首 首 首 首 `首 道 道 道
참 받침(辶, 廴, 走)으로 쓰이는 부수는 먼저 쓰는 것과 나중에 쓰는 것이 있는데, 여기에 쓰인 받침(辶, 廴)은 나중에 씁니다.

64 堂(집 당, 총11획)
: 丨 丷 丷 丷 丷 必 尚 尚 尚 堂 堂 堂

65 六二五(육이오)▶(여섯 륙)(두 이)(다섯 오)
: 1950년 6월 25일 새벽에 북한군이 북위 38도선을 넘어 남한을 기습적으로 침공함으로써 일어난 전쟁. 육이오 전쟁. 육이오 동란. 육이오 사변. 한국동란. 한국전쟁.
→ '六'자는 본음이 '륙'이나 여기에서는 두음법칙에 의해 '육'으로 읽고 적습니다.

70 白日場(백일장)▶(흰 백)(날 일)(마당 장)
: 글짓기를 장려하기 위하여 실시하는 글짓기 대회.
참 白日(백일)▶구름이 끼지 않은 밝은 대낮.

71 民生(민생)▶(백성 민)(날 생)
: 일반 국민의 생활 및 생계(生計).

72 國母(국모)▶(나라 국)(어미 모)
: 임금의 아내나 임금의 어머니를 이르던 말.

76 和戰(화전)▶(화할 화)(싸움 전)
: 화합(和合)하는 것과 싸우는 것.

80 日氣(일기)▶(날 일)(기운 기) : 날씨.
참 日記(일기)▶(날 일)(기록할 기) : 날마다 그날그날 겪은 일이나 느낌 따위를 적는 개인의 기록.

07회 예상문제 45쪽~47쪽

01	표제	02	약과	03	신심	04	약소
05	대화	06	용기	07	면회	08	공산
09	지도	10	식용	11	설화	12	해외
13	신동	14	체중	15	활력	16	분립
17	이문	18	하오	19	시동	20	청춘
21	운동	22	술수	23	작업	24	반가
25	방출	26	반기	27	발광	28	주소
29	내성	30	명명	31	세계	32	읍촌
33	온전 전	34	화할 화	35	다행 행	36	오를 등
37	저자 시	38	늙을 로	39	농사 농	40	맑을 청
41	줄 선	42	뿔 각	43	창 창	44	재주 재
45	매양 매	46	한가지 공	47	어제 작	48	주인 주
49	군사 군	50	한가지 동	51	강 강	52	풀 초
53	집 당	54	사내 남	55	아우 제	56	빛 색
57	나타날 현	58	일백 백	59	떼 부	60	편안 안
61	부을 주	62	①	63	③	64	一生
65	大韓	66	中學校	67	白金	68	萬年
69	先山	70	國民	71	女王	72	月日
73	東西	74	④	75	③	76	불을 끔
77	그런 뒤	78	②	79	④	80	⑥

해설

08 公算(공산)▶(공평할 공)(셈   산)
: 어떤 상태가 되거나 어떤 일이 일어날 수 있는 확실성의 정도.

17 利文(이문)▶(이할 리)(글월 문)
: 이익이 남는 돈.

→ '利'자의 본음은 '리'이나 여기에서는 두음법칙에 의해 '이'로 읽고 적습니다.
→ '文'자의 대표 훈은 '글월'이나 여기에서는 '돈, 또는 돈의 개수'를 뜻합니다.

20 靑春(청춘)▶(푸를 청)(봄   춘)
: '새싹이 돋아나는 봄철'이라는 뜻으로, '십 대 후반에서 이십 대에 걸치는 젊은 나이' 또는 '그런 시절'을 이르는 말.

22 術數(술수)▶(재주 술)(셈   수)
: ① 길흉을 점치는 방법. ② 어떤 나쁜 일을 꾸미는 꾀.

24 班家(반가)▶(나눌 반)(집   가)
: 양반의 집안. 반갓집.
→ '班'자의 대표 훈은 '나누다'이나 여기에서는 '양반(兩班)'을 뜻합니다.
참 양반(兩班) : 고려·조선 시대에, 지배층을 이루던 신분.
→ 원래 고급 관리들의 집단인 '동반(東班)=문반(文班)'과 '서반(西班)=무반(武班)'을 이르던 것에서 점차 그 가족이나 후손까지 그 범위에 끌어넣기에 이르게 되었다.

26 反旗(반기)▶(돌이킬 반)(기   기)
: ① 반란을 일으킨 무리가 드는 기. ② 반대의 뜻을 나타내는 행동이나 표시.

29 內省(내성)▶(안   내)(살필 성)
: 자신을 스스로 돌이켜 살펴봄.
→ '省'자는 쓰임에 따라 뜻과 소리가 달라지는 글자입니다.
참 省(살필 성, 덜 생)

30 命名(명명)▶(목숨 명)(이름 명)
: 사람, 사물, 사건 등의 대상에 이름을 지어 붙임.
→ '命'자의 대표 훈은 '목숨'이나 여기에서는 '이름 짓다'를 뜻합니다.

41 '線'의 부수는 '糸(실 사)'이나 서체에 따라 '糹'와 같은 모양으로 쓰기도 합니다.
참 線 = 線

59 '部'자의 대표 훈인 '떼'는 '時'자의 대표 훈인 '때'와 혼동하기 쉬우므로 그 뜻을 구별해야 합니다. '떼'는 '무리'를 뜻하고, '때'는 '시간'을 뜻합니다.

62 方今(방금) ▶ (모　방)(이제 금)
: 바로 조금 전이나 후.
→ '方'자의 대표 훈은 '모, 모서리'이나 여기에서는 '바야흐로(지금 바로, 이제 한창)'를 뜻합니다.

63 自信(자신) ▶ (스스로 자)(믿을 신)
: 어떤 일을 해낼 수 있다거나 꼭 그렇게 되리라고 스스로 굳게 믿음.
참 自身(자신) ▶ (스스로 자)(몸　신) : 바로 그 사람.

64 一生(일생) ▶ (한　일)(날　생)
: 세상에 태어나서 죽을 때까지의 동안. 평생(平生). 한살이. 한생.
→ '一'자의 대표 훈은 '한, 하나'이나 여기에서는 '온, 온통'을 뜻합니다.

69 先山(선산) ▶ (먼저 선)(메　산)
: ① 조상의 무덤. ② 조상의 무덤이 있는 산.
→ '先'자의 대표 훈은 '먼저'이나 여기에서는 '옛, 돌아가신 이'를 뜻합니다.

71 女王(여왕) ▶ (계집 녀)(임금 왕)
→ '女'자의 본음은 '녀'이나 여기에서는 두음법칙에 의해 '여'로 읽고 적습니다.
참 둘 이상의 단어로 이루어진 고유 명사를 붙여 쓰는 경우에는 뒷말의 첫소리가 'ㄴ' 또는 'ㄹ' 소리로 나더라도 두음법칙에 따라 적습니다.
예 선덕 + 녀왕 = 선덕여왕.

08회 예상문제
48쪽~50쪽

01	군가	02	용력	03	운신	04	방화
05	형색	06	간식	07	좌우	08	전공
09	효도	10	동물	11	기사	12	동시
13	각자	14	해리	15	공유	16	표면
17	회계	18	재기	19	입동	20	정구
21	고공	22	불안	23	음용	24	신주
25	의외	26	부수	27	풍문	28	현대
29	춘분	30	작명	31	중대	32	강촌
33	모 방	34	무리 등	35	쉴 휴	36	밝을 명
37	반 반	38	맑을 청	39	흰 백	40	편할 편
41	지아비 부	42	화할 화	43	글월 문	44	나눌 반
45	믿을 신	46	적을 소	47	모일 사	48	집 가
49	농사 농	50	성 성	51	매양 매	52	서녘 서
53	고을 읍	54	가을 추	55	셈 산	56	살필 성
57	그림 도	58	약 약	59	아이 동	60	마당 장
61	오를 등	62	⑥	63	①	64	南門
65	土室	66	山中	67	生水	68	年長
69	萬民	70	母國	71	北東	72	五六月
73	三寸	74	②	75	①		
76	하늘이 준 행운, 또는 다행						
77	새로 들어옴			78	⑤	79	⑤
80	⑤						

해설

03 運身(운신) ▶ (옮길 운)(몸　신)
: '몸을 움직이다.'라는 뜻으로, '어떤 일이나 행동을 편한 마음으로 자유롭게 함.'을 이르는 말.

08 戰功(전공) ▶ (싸움 전)(공　공)
: 전투에서 세운 공로(功勞).

13 各自(각자)▶(각각 각)(스스로 자)
: 각각의 사람이 따로따로.

14 海里(해리)▶(바다 해)(마을 리) : 바다 위나 공중에서 긴 거리를 나타낼 때 쓰는 거리의 단위.
→ 나라마다 약간의 차이를 보이고 있으나, 대략 1해리는 1,852미터에 해당함.

15 共有(공유)▶(한가지 공)(있을 유) : 두 사람 이상이 한 물건을 공동으로 가지고 있음.
→ '有'자의 대표 훈은 '있다'이나 여기에서는 '소유(所有)하다'를 뜻합니다.

18 才氣(재기)▶(재주 재)(기운 기)
: 재주가 있는 기질.

19 立冬(입동)▶(설　립)(겨울 동)
: 상강(霜降)과 소설(小雪) 사이에 들며, 이때부터 겨울이 시작된다고 하는 이십사절기의 하나.

20 庭球(정구)▶(뜰　정)(공　구) : 경기장 중앙 바닥에 네트를 가로질러 치고 그 양쪽에서 라켓으로 공을 주고받아 승패를 겨루는 경기. 테니스.

21 高空(고공)▶(높을 고)(빌　공) : 높은 공중.
→ '空'자의 대표 훈은 '비다'이나 여기에서는 '공중, 하늘'을 뜻합니다.

23 飮用(음용)▶(마실 음)(쓸　용) : 마시는 데 씀.
→ '飮'자는 서체에 따라 '飮'자처럼 모양이 달라지기도 합니다.

24 神主(신주)▶(귀신 신)(주인 주)
: 죽은 사람의 이름을 적은 나무패[위패(位牌)].

27 風聞(풍문)▶(바람 풍)(들을 문)
: 바람처럼 떠도는 소문.

29 春分(춘분)▶(봄　춘)(나눌 분)
: 양력 3월 21일 무렵인 이십사절기의 하나.

41 '夫'자는 '天(하늘 천)'자와 모양이 비슷하여 혼동하기 쉬운 글자입니다.

46 '少'자는 '小(작을 소)'자와 모양이 비슷하여 혼동하기 쉬운 글자입니다.
→ '少'자의 뜻인 '적다'와 '小'자의 뜻인 '작다'는 서로 뜻이 다르게 쓰이므로 주의해야 합니다.
참 적다 : 수효나 분량이 일정한 기준에 미치지 못하다.
참 작다 : (부피·길이·넓이 따위가) 기준에 미치지 못하다.

63 直前(직전)▶(곧을 직)(앞　전)
: 일이 일어나기 바로 전.

65 土室(토실)▶(흙　토)(집　실) : 토담만 쌓아 그 위에 지붕을 덮어 지은 집. 토담집. 흙담집.

68 年長(연장)▶(해　년)(긴　장)
: 서로 비교하여 보아 나이가 많거나 그런 사람.
→ '年'자의 대표 훈은 '해'이나 여기에서는 '나이'를 뜻합니다.
→ '年'자의 본음은 '년'이나 여기에서는 두음법칙에 의해 '연'으로 읽고 적습니다.

70 母國(모국)▶(어미 모)(나라 국)
: (흔히 외국에 나가 있는 사람이) 자기가 태어난 나라를 가리키는 말.

72 五六月(오뉴월) : '음력 오월과 유월'이라는 뜻으로, '여름 한철'을 이르는 말.
→ '六'자의 본음은 '륙'이나 '月'자 앞에서는 '유', 또는 '뉴'로 읽고 적습니다.
참 六月(유월), 五六月(오뉴월)

78 里(마을 리, 총7획) : 丨冂曰曰甲里

79 市(저자 시, 총5획) : 丶亠市市市
참 뚫고 지나는 획은 맨 나중에 씁니다.

80 老(늙을 로, 총6획) : 一十土耂耂老
참 '匕(비수 비)'는 'ノ'을 먼저 쓰고 'ㄴ'을 나중에 씁니다.

09회 예상문제

51쪽~53쪽

01	발신	02	명월	03	기명	04	식목
05	대금	06	행운	07	반성	08	회심
09	신작	10	전선	11	외계	12	서면
13	직구	14	표출	15	생색	16	교과
17	전기	18	대답	19	사각	20	용의
21	전반	22	방학	23	등지	24	식구
25	편지	26	해신	27	화급	28	설림
29	입춘	30	풍악	31	공력	32	형체
33	셀 계	34	내 천	35	다스릴 리	36	노래 가
37	들을 문	38	백성 민	39	약 약	40	소리 음
41	여름 하	42	비로소 시	43	한수 한	44	화할 화
45	사라질 소	46	창 창	47	뜰 정	48	바 소
49	나라 한	50	고을 읍	51	때 시	52	일 사
53	뒤 후	54	마실 음	55	부을 주	56	무거울 중
57	올 래	58	그림 도	59	남녘 남	60	모일 사
61	재주 재	62	②	63	③	64	國父
65	王室	66	十日	67	萬一	68	東山
69	長女	70	八九	71	靑軍	72	五寸
73	年中	74	②	75	②		
76	자기의 출신 학교 / 자기가 졸업한 학교						
77	이롭지 아니함			78	③	79	⑥
80	⑦						

해설

01 發信(발신)▶(필 발)(믿을 신)
: 소식이나 우편 또는 전신을 보냄.

→ '信'자의 대표 훈은 '믿음'이나 여기에서는 '편지, 소식'을 뜻합니다.

05 代金(대금)▶(대신할 대)(쇠 금)
: 물건 값으로 치르는 돈.
→ '金'자는 쓰임에 따라 뜻과 소리가 달라지는 글자입니다.
참 金(쇠 금, 성 김)

07 反省(반성)▶(돌이킬 반)(살필 성)
: 자신의 말과 행동에 대하여 돌이켜 봄.
→ '省'자는 쓰임에 따라 뜻과 소리가 달라지는 글자입니다.
참 省(살필 성, 덜 생)

08 會心(회심)▶(모일 회)(마음 심)
: 마음에 흐뭇하게 들어맞음, 또는 그런 상태의 마음.
→ '會'자의 대표 훈은 '모이다'이나 여기에서는 '맞다'를 뜻합니다.

13 直球(직구)▶(곧을 직)(공 구)
: (야구에서) 투수가 변화를 주지 않고 곧게 던지는 공.

15 生色(생색)▶(날 생)(빛 색)
: 남에게 도움을 준 일로 당당히 나서는 체면.

23 等地(등지)▶(무리 등)(땅[따] 지)
: 앞에서 말한 그 밖의 곳들의 줄임을 나타내는 말.
→ '等'자의 대표 훈은 '무리'이나 여기에서는 '~따위'를 뜻합니다.

27 火急(화급)▶(불 화)(급할 급)
: 타는 불과 같이 매우 급함.

28 雪林(설림)▶(눈 설)(수풀 림) : 눈에 덮인 숲.

29 立春(입춘)▶(설 립)(봄 춘)
: 양력으로는 2월 4일경으로, 대한(大寒)과 우수(雨水) 사이에 들며, 이때부터 봄이 시작된다고

하는 이십사절기의 하나.

→ '立'자의 본음은 '립'이나 여기에서는 두음법칙에 의해 '입'으로 읽고 적습니다.

30 風樂(풍악)▶(바람 풍)(노래 악)

: 예로부터 전해 오는 우리나라 고유의 음악.

→ '風'자의 대표 훈은 '바람'이나 여기에서는 '노래, 악곡(樂曲)'을 뜻합니다.

62 淸算(청산)▶(맑을 청)(셈　산)

: ① 서로 간에 갚거나 받을 관계를 셈하여 깨끗이 해결함. ② 과거의 부정적 요소를 깨끗이 씻어 버림.

참 靑山(청산)▶(푸를 청)(메　산)

: 풀과 나무가 우거진 푸른 산.

67 萬一(만일)▶(일만 만)(한　일)

: ①(그럴 리가 거의 없지만) 혹시 그런 일이 있을 경우. ②(아직 일어나지 않은 일이나 상황을 가정하여) 어쩌다가. 혹시. ③만 가운데 하나 정도로 아주 적은 양.

70 十中八九(십중팔구)

▶(열　십)(가운데 중)(여덟 팔)(아홉 구)

: ①'열 가운데 여덟이나 아홉이 그러하다'는 뜻으로, 대부분. 거의 전부. ②아마, 거의 대부분.

73 年中(연중)▶(해　년)(가운데 중) : 한 해 동안.

→ '年'자의 본음은 '년'이나 여기에서는 두음법칙에 의해 '연'으로 읽고 적습니다.

75 人天(인천)▶(사람 인)(하늘 천)

: 사람과 하늘. 인간계와 천상계.

78 民(백성 민, 총5획) : ⁊ ⁊ ⁊ 尸 民

79 門(문　문, 총8획) : 丨 丨 ⺋ 丿 門 門 門 門

참 왼쪽에서부터 오른쪽으로 씁니다.

80 命(목숨 명, 총8획) : 丿 人 人 亼 合 合 命 命

01	문안	02	성공	03	주문	04	현지
05	약초	06	등기	07	전차	08	반백
09	전과	10	악공	11	작동	12	재색
13	소수	14	수술	15	노모	16	편리
17	동화	18	일광	19	세대	20	시구
21	화답	22	공기	23	화신	24	심리
25	회사	26	만물	27	방정	28	시간
29	가풍	30	의도	31	공공	32	체내
33	떼 부	34	여름 하	35	놓을 방	36	집 당
37	먹을 식	38	뿔 각	39	농사 농	40	앞 전
41	겉 표	42	나라 한	43	줄 선	44	날 출
45	그럴 연	46	모양 형	47	글 서	48	이제 금
49	셈 산	50	대할 대	51	창 창	52	셀 계
53	올 래	54	마실 음	55	업 업	56	무거울 중
57	급할 급	58	마을 촌	59	밝을 명	60	성 성
61	제목 제	62	②	63	⑤	64	四月
65	女軍	66	先生	67	火山	68	校門
69	白土	70	中年	71	敎室	72	靑山
73	南西	74	④	75	③		
76	①봄과 가을 ②'남의 나이'를 높여 이르는 말						
77	가지고 있음			78	⑥	79	⑤
80	⑥						

해설

03 注文(주문)▶(부을 주)(글월 문)

: (물건을 만들거나 파는 사람에게) 그 상품의 생산이나 수송, 또는 서비스의 제공을 요구하거나 부탁하는 일.

06 登記(등기)▶(오를 등)(기록할 기)
: ① 우체국에서 우편물의 안전한 송달을 위해 우편물의 인수·배달 과정을 기록하는 우편물 특수 취급의 하나. ② 민법상의 권리 또는 사실을 널리 밝히기 위하여 등기부에 부동산에 관한 일정 사항을 적는 일.

07 電車(전차)▶(번개 전)(수레 차) : 공중(空中)에 설치한 전선(戰線)으로부터 전력(電力)을 공급받아 지상(地上)에 설치된 궤도 위를 다니는 차.
→ '車'자는 쓰임에 따라 뜻과 소리가 달라지는 글자입니다.
참 車(수레 거, 수레 차)

08 半百(반백)▶(반 반)(일백 백)
: 백의 절반인 쉰(살).

09 戰果(전과)▶(싸움 전)(실과 과)
: 전투나 경기 따위에서 이루어낸 결실.

10 樂工(악공)▶(노래 악)(장인 공)
: 음악을 연주하는 사람.
→ 여기에서 '工'자의 뜻인 '장인(匠人)'은 '창작 활동이 심혈을 기울여 물건을 만드는 것과 같다'는 뜻에서, '예술가'를 뜻합니다.

13 少數(소수)▶(적을 소)(셈 수) : 적은 수효.
참 小數(소수)▶(작을 소)(셈 수) : 0보다 크고 1보다 작은 실수(實數).

15 老母(노모)▶(늙을 로)(어미 모) : 늙은 어머니.
→ '老'자의 본음은 '로'이나 여기에서는 두음법칙에 의해 '노'로 읽고 적습니다.

23 花信(화신)▶(꽃 화)(믿을 신)
: 꽃이 핌을 알리는 소식.

29 家風(가풍)▶(집 가)(바람 풍)
: 한 집안에 대대로 이어 오는 풍습이나 법도에 맞는 절차.

→ '風'자의 대표 훈은 '바람'이나 여기에서는 '풍속(風俗)'을 뜻합니다.

30 意圖(의도)▶(뜻 의)(그림 도)
: 무엇을 하고자 하는 생각이나 계획, 또는 무엇을 하려고 꾀함. 본뜻.
→ '圖'자의 대표 훈은 '그림'이나 여기에서는 '꾀하다'를 뜻합니다.

31 公共(공공)▶(공평할 공)(한가지 공)
: 국가나 사회의 구성원에게 두루 관계되는 것.
→ '公'자의 대표 훈은 '공평하다'이나 여기에서는 '여러, 여럿의'를 뜻합니다.

45 '然'자의 부수는 '火'이나 글자 속에서는 '灬'와 같은 모양으로 변하여 쓰이기도 합니다.

58 '村'자는 '材(재목 재)'자와 모양이 비슷하여 혼동하기 쉬운 글자입니다.

69 白土(백토)▶(흰 백)(흙 토)
: 빛깔이 희고 부드러우며 고운 흙.

70 中年(중년)▶(가운데 중)(해 년)
: 마흔 살 안팎의 나이, 또는 그 나이의 사람.

74 長短(장단)▶(긴 장)(짧을 단) : ① 길고 짧음. ② 장점(長點)과 단점(短點). 장단점.

75 高下(고하)▶(높을 고)(아래 하)
: ① 나이의 많고 적음. ② 신분이나 지위의 높고 낮음. ③ 물건값의 비싸고 쌈. ④ 품질이나 내용의 좋고 나쁨.

78 安(편안 안, 총6획) : ` ` ` 宀宀安安
참 뚫고 지나는 획은 맨 나중에 씁니다.

79 地(땅 지, 총6획) : 一 十 土 圵地地
참 가로획과 세로획이 서로 교차할 때에는 가로획을 먼저 씁니다.

80 弟(아우 제, 총7획) : ` ` ` ` 쓰쓰弔弟弟

해설

01	정오	02	동물	03	천연	04	기사
05	등용	06	평화	07	계산	08	직립
09	방면	10	공업	11	편리	12	발명
13	세계	14	명명	15	분반	16	성과
17	대신	18	안심	19	의외	20	고등
21	시작	22	음식	23	지구	24	동화
25	전선	26	설풍	27	기운	28	신문
29	약초	30	금시	31	도서	32	전자
33	날랠 용	34	어제 작	35	효도 효	36	창 창
37	재주 재	38	약할 약	39	할아비 조	40	살 활
41	무거울 중	42	있을 유	43	부을 주	44	다행 행
45	나타날 현	46	모양 형	47	고을 읍	48	모을 집
49	믿을 신	50	기를 육	51	빛 색	52	일백 백
53	사라질 소	54	성 성	55	겉 표	56	귀신 신
57	마당 장	58	셈 수	59	심을 식	60	재주 술
61	떼 부	62	②	63	②	64	②
65	④	66	왼쪽과 오른쪽 / 옆이나 곁				
67	농사짓는 땅			68	南北	69	靑年
70	萬人	71	生水	72	六月	73	山中
74	大門	75	女王	76	敎室	77	五日
78	⑥	79	⑥	80	⑧		

01 正午(정오)▶(바를 정)(낮 오) : 낮 열두 시.
→ '正午'에서 '午'는 '십이시(十二時)의 일곱째 시'인 '午時(오시 : 오전 열한 시부터 오후 한 시까지)'를 뜻하고, '正'자는 '한가운데'를 뜻합니다.

05 登用(등용)▶(오를 등)(쓸 용)
: 인재를 뽑아서 씀.

09 方面(방면)▶(모 방)(낯 면)
: ① 어떤 장소나 지역이 있는 방향. ② 어떤 분야. ③ 네모반듯한 얼굴.
→ '方'자는 대표 훈이 '모'이나 ①, ②에서는 '방향'을 뜻합니다.

11 便利(편리)▶(편할 편)(이할 리)
: 편하고 이로우며 이용하기 쉬움.
→ '便'자는 뜻에 따라 '편' 또는 '변'으로 읽고 적습니다.

14 命名(명명)▶(목숨 명)(이름 명)
: 사람, 사물, 사건 등의 대상에 이름을 지어 붙임.
→ '命'자는 대표 훈이 '목숨'이나 여기에서는 '이름 짓다'를 뜻합니다.

32 電子(전자)▶(번개 전)(아들 자) : 음전하를 가지고 원자핵의 주위를 도는 소립자의 하나.
→ '子'자는 대표 훈이 '아들'이나 여기에서는 '알갱이'를 뜻합니다.

62 '長(긴 장)'자와 뜻이 서로 반대되는 한자는 '短(짧을 단)' 또는 '幼(어릴 유)'자가 있고, '老(늙

을 로)'자와 뜻이 서로 반대되는 한자는 '少(젊을 소)'가 있습니다.

63 '主(주인 주)'자와 뜻이 서로 반대되는 한자는 '客(손 객)'자가 있고, '夕(저녁 석)'자와 뜻이 서로 반대되는 한자는 '朝(아침 조)'자가 있습니다.

64 各自(각자)▶(각각 각)(스스로 자)
 : 각각의 자기 자신.
 → '各自'의 '自'자를 '者(놈 자)'자로 쓰는 경우가 많으니 주의해야 합니다.

65 反省(반성)▶(돌이킬 반)(살필 성) : 자신에 대하여 잘못이나 부족함이 없는지 돌이켜 봄.
 → '省'자는 뜻에 따라 '성' 또는 '생'으로 읽고 적습니다.

69 靑年(청년)▶(푸를 청)(해 년)
 : 신체적·정신적으로 한창 성장하거나 무르익은, 나이가 20대 정도의 사람.
 → '年'자는 대표 훈이 '해'이나 여기에서는 '나이'를 뜻합니다.

70 萬人(만인)▶(일만 만)(사람 인) : 모든 사람.
 → '萬'자는 대표 훈이 '일만'이나 여기에서는 '모든, 많은'을 뜻합니다.

72 六月(유월)▶(여섯 륙)(달 월)
 → '六'자는 '月'자 앞에서는 '뉴', 또는 '유'로 읽고 적습니다.

77 五日場(오일장)▶(다섯 오)(날 일)(마당 장)
 : 닷새에 한 번씩 서는 장.
 → 여기에서 '場'은 '많은 사람이 모여 여러 가지 물건을 사고파는 곳'으로, 지역에 따라 다르나 보통 한 달에 여섯 번 서기도 합니다.

78 東(동녘 동, 총8획) : 一 「 「 「 「 「 「 東 東

79 弟(아우 제, 총7획) : ` ` ` 　 弟 弟 弟

80 科(과목 과, 총9획) : 一 「 「 「 「 「 「 「 科 科

02회 기출·예상문제   82쪽~84쪽

01	표현	02	용기	03	가정	04	시장
05	계산	06	유용	07	시조	08	전선
09	정직	10	동창	11	신문	12	자연
13	수족	14	세대	15	소신	16	백화
17	도리	18	동화	19	효심	20	공과
21	음식	22	농사	23	임업	24	편안
25	체육	26	발명	27	운동	28	소화
29	전술	30	청천	31	주입	32	성공
33	살 활	34	살필 성/덜 생			35	지을 작
36	실과 과	37	물건 물	38	노래 가	39	글 서
40	설 립	41	놓을 방	42	귀신 신	43	매양 매
44	다행 행	45	어제 작	46	공구	47	급할 급
48	모양 형	49	나눌 반	50	무리 등	51	뜻 의
52	이할 리	53	날 출	54	심을 식	55	뿔 각
56	약할 약	57	올 래	58	지경 계	59	빛 광
60	눈 설	61	몸 신	62	②	63	③
64	④	65	①	66	학교에 감	67	올해
68	教室	69	先人	70	土木	71	十月
72	生日	73	父女	74	大門	75	東北
76	山水	77	長兄	78	⑤	79	⑥
80	⑥						

해설

05 計算(계산)▶(셀 계)(셈 산)
 → 서로 뜻이 비슷한 유의자로 결합된 한자어입니다.
 참 09. 正直(정직) 17. 道理(도리)

07 始祖(시조)▶(비로소 시)(할아비 조)
 : 한 겨레나 가계의 맨 처음이 되는 조상.

→ 여기에서 '祖'자는 '시초, 근본, 시조'를 뜻합니다.

13 手足(수족)▶(손　수)(발　족)
: ① 손과 발. ② 자기의 손이나 발처럼 마음대로 부리는 사람을 비유하여 이르는 말.
→ 서로 뜻이 상대되는 한자로 결합된 한자어입니다.

14 世代(세대)▶(인간 세)(대신할 대) : ① 어린아이가 부모를 계승할 때까지의 약 30년 정도. ② 같은 시대의 비슷한 연령층의 사람 전체.

15 所信(소신)▶(바　소)(믿을 신)
: 믿고 있는 바. 생각하는 바.
→ 여기에서 '所'자는 '앞에서 말한 내용 그 자체나 일 따위를 나타내는 말'을 뜻합니다.

16 百花(백화)▶(일백 백)(꽃　화) : 온갖 꽃.
→ 여기에서 '百'자는 '온갖, 많음'을 뜻합니다.

20 工科(공과)▶(장인 공)(과목 과)
: (대학에서) 공업 생산에 필요한 과학 기술을 전공하는 학과를 이르는 말.

23 林業(임업)▶(수풀 림)(업　업)
: 경제적 이윤을 얻기 위하여 삼림(森林)을 경영하는 사업. 산림업(山林業).
→ '林'자의 본음은 '림'이나 여기에서는 두음법칙에 의해 '임'으로 읽고 적습니다.

24 便安(편안)▶(편할 편)(편안 안)
→ 서로 뜻이 비슷한 유의자로 결합된 한자어입니다.
→ '便'자는 쓰임에 따라 뜻과 소리가 달라지는 글자입니다. 참 便(편할 편, 똥오줌 변)

27 運動(운동)▶(옮길 운)(움직일 동)
→ 서로 뜻이 비슷한 유의자로 결합된 한자어입니다.

29 戰術(전술)▶(싸움 전)(재주 술)
: 작전을 계획대로 해내기 위한 기술이나 방법.

31 注入(주입)▶(부을 주)(들　입)
: ① 흘러 들어가도록 부어 넣음. ② 기억과 암기를 주로 하여 지식을 넣어 줌.

62 平和(평화)▶(평평할 평)(화할 화)
: 평온하고 화목함.
→ 서로 뜻이 비슷한 유의자로 결합된 한자어입니다.

63 洞邑(동읍)▶(골　동)(고을 읍)
→ '洞'자와 '邑'자는 서로 뜻이 비슷한 유의자의 의미를 가지고 있으나 '洞邑'이라는 한자어로 쓰이지는 않습니다.

65 休學(휴학)▶(쉴　휴)(배울 학)
: 개인 사정으로, 일정 기간 동안 학교를 쉬는 일.

69 先人(선인)▶(먼저 선)(사람 인)
: ① 남에게 돌아가신 자기 아버지를 이르는 말. 선친(先親). ② 지나간 시대의 사람.
→ 여기에서 '先'자는 '옛' 또는 '앞서다'를 뜻합니다.

70 土木(토목)▶(흙　토)(나무 목)
: 땅과 하천 따위를 고쳐 만드는 공사.

71 十月(시월)▶(열　십)(달　월)
→ '十'자는 '月'자 앞에서 '시'로 읽고 적습니다.

76 山水(산수)▶(메　산)(물　수)
: '산과 물'이라는 뜻으로, '경치'를 이르는 말.
참 算數(산수) : 수의 성질, 셈의 기초, 초보적인 기하 따위를 가르치는 학과목.

78 空(빌　공, 총 8획) : `⼍ 宀宀空空空空

79 弟(아우 제, 총 7획) : `⼳ 쓰쓰兰弟弟

80 間(사이 간, 총12획)
: 丨 冂冂冂冂門門門門門問間間

03회 기출·예상문제
85쪽~87쪽

01	재색	02	강촌	03	풍설	04	산수
05	시작	06	소중	07	시내	08	등장
09	육성	10	농업	11	광명	12	유명
13	서기	14	지방	15	해면	16	전술
17	시간	18	신용	19	기수	20	편리
21	발전	22	동창	23	사리	24	반장
25	가정	26	정도	27	운동	28	대표
29	주입	30	자연	31	식물	32	안심
33	사라질 소	34	말씀 화	35	공 구	36	약 약
37	다행 행	38	나타날 현	39	몸 체	40	들을 문
41	줄 선	42	약할 약	43	효도 효	44	화할 화
45	모을 집	46	수풀 림	47	마실 음	48	뿔 각
49	모양 형	50	날 출	51	귀신 신	52	급할 급
53	할아비 조	54	새 신	55	셀 계	56	몸 신
57	공 공	58	그림 도	59	평평할 평	60	살 주
61	쉴 휴	62	④	63	③	64	③
65	④	66	(분량을) 똑같이 나눔				
67	연세(어른의 나이)		68	十月	69	萬民
70	室外	71	父王	72	女軍	73	年中
74	四寸	75	生日	76	山水	77	大門
78	④	79	⑦	80	⑥		

해설

01 才色(재색)▶(재주 재)(빛　색)
: 여자의 재주와 아름다운 용모.
→ 여기에서 '色'자는 '모양, 상태'를 뜻합니다.

03 風雪(풍설)▶(바람 풍)(눈　설) : 눈바람.

04 算數(산수)▶(셈　산)(셈　수)
→ '算數'는 뜻이 서로 비슷한 한자로 결합된 한자어입니다.

06 所重(소중)하다▶(바　소)(무거울 중)
: 매우 귀중하다.
→ 여기에서 '所'자는 '~것'을 뜻하고, '重'자는 '귀중하다, 중요하다'를 뜻합니다.

07 市內(시내)▶(저자 시)(안　내) : 도시의 안.
→ 여기에서 '市'자는 '도시(都市)'를 뜻합니다.

11 光明(광명)▶(빛　광)(밝을 명)
: 밝고 환함 또는 밝은 미래나 희망을 상징하는 밝고 환한 빛.

12 有名(유명)▶(있을 유)(이름 명)
: 이름이 널리 알려져 있음.

13 書記(서기)▶(글　서)(기록할 기) : 단체나 회의에서 문서나 기록 따위를 맡아보는 사람.

15 海面(해면)▶(바다 해)(낯　면)
: 바닷물의 표면. 해수면.
→ 여기에서 '面'자는 '겉, 표면'을 뜻합니다.

19 旗手(기수)▶(기　기)(손　수)
: ① 앞에 서서 기를 드는 일을 맡은 사람 ② 기를 들고 신호하는 일을 맡은 사람 ③ 사회 활동에서 앞장서서 이끄는 사람.
→ 여기에서 '手'자는 '그것을 직업으로 하는 사람'의 뜻을 더하는 접미사입니다.

24 班長(반장)▶(나눌 반)(긴　장)
: 어떤 일을 함께 하는 반을 대표하여 일을 맡아보는 사람.
→ 여기에서 '長'자는 '우두머리'를 뜻합니다.

26 正道(정도)▶(바를 정)(길　도)
: 올바른 길 또는 도리.
→ 여기에서 '道'자는 '도리(道理)'를 뜻합니다.

28 代表(대표)▶(대신할 대)(겉　표) : 전체의 상태나 성질을 어느 하나로 잘 나타내는 것.
→ 여기에서 '表'자는 '밝히다, 나타내다'를 뜻합니다.

37 '幸'자는 '辛(매울 신)'자와 모양이 비슷하여 혼동하기 쉬운 글자입니다.

63 '童(아이 동)'자와 뜻이 서로 반대되는 한자는 '老(늙을 로)'자가 있고, '活(살 활)'자와 뜻이 서로 상대되는 한자는 '死(죽을 사)'자가 있습니다.

65 淸明(청명)하다▶(맑을 청)(밝을 명)
: 날씨나 소리가 맑고 밝다.

66 等分(등분)▶(무리 등)(나눌 분)
: 분량을 똑같이 나눔.
→ 여기에서 '等'자는 '가지런하다'를 뜻합니다.

69 萬民(만민)▶(일만 만)(백성 민)
: 모든 백성 또는 모든 사람.
→ '萬'자는 대표 훈이 '일만'이나 여기에서는 '모든'을 뜻합니다.

73 年中(연중)▶(해　년)(가운데 중) : 한 해 동안.
→ '年'자의 본음은 '년'이나 여기에서는 두음법칙에 의해 '연'으로 읽고 적습니다.

74 四寸(사촌)▶(넉　사)(마디 촌)
: 아버지의 친형제자매의 아들이나 딸과의 촌수.
→ 여기에서 '寸'자는 '촌수(寸數 : 친족 사이의 멀고 가까운 정도를 나타내는 수)를 뜻합니다.

76 山水(산수)▶(메　산)(물　수)
: '산과 물'이라는 뜻으로, '경치'를 이르는 말.

78 短(짧을 단, 총12획)
: ノ ト ヒ チ ケ 矢 矢 矩 矩 矩 短 短

79 高(높을 고, 총10획)
: ー ー ー ー ー 高 高 高 高 高

80 果(실과 과, 총 8획) : 丶 冂 冃 旦 旦 甲 早 果

04회 기출·예상문제
88쪽~90쪽

01	농촌	02	식목	03	공백	04	동물
05	천재	06	체육	07	행운	08	공공
09	생명	10	명약	11	가정	12	발명
13	백성	14	강산	15	공업	16	중간
17	전화	18	설화	19	금리	20	남녀
21	음식	22	신문	23	차창	24	불편
25	등장	26	술수	27	신용	28	휴전
29	용기	30	평등	31	출입	32	효도
33	집 당	34	여름 하	35	글 서	36	늙을 로
37	풀 초	38	불 화	39	맑을 청	40	올 래
41	비로소 시	42	임금 왕	43	화할 화	44	뜻 의
45	노래 가	46	마음 심	47	있을 유	48	종이 지
49	겉 표	50	주인 주	51	적을 / 젊을 소		
52	내 천	53	무거울 중	54	높을 고	55	곧을 직
56	뿔 각	57	수풀 림	58	편안 안	59	스스로 자
60	입 구	61	겨울 동	62	②	63	④
64	④	65	③				
66	손과 발 / 마음대로 부리는 사람						
67	경치 / 자연이나 지역의 모습					68	學校
69	三寸	70	萬一	71	兄弟	72	同門
73	敎室	74	軍人	75	國民	76	靑年
77	父母	78	⑨	79	⑥	80	⑨

해설

03 空白(공백)▶(빌　공)(흰　백) : ① 종이나 책 따위에서 글씨나 그림이 없는 빈 곳 ② 아무것도 없이 비어 있음 ③ 어떤 일의 빈구석이나 빈틈 ④ 활동이나 업적이 없이 비어 있음.

07 幸運(행운)▶(다행 행)(옮길 운) : 좋은 운수.

→ 여기에서 '運'자는 '운수(運數 : 이미 정하여져 있어 인간의 힘으로는 어쩔 수 없는 것)'를 뜻합니다.

08 公共(공공)▶(공평할 공)(한가지 공)
: 국가나 사회의 구성원에게 두루 관계되는 것.
→ 여기에서 '公'자는 '여럿의'를 뜻합니다.

10 名藥(명약)▶(이름 명)(약 약)
: 효험이 좋아 이름난 약.

13 百姓(백성)▶(일백 백)(성 성) : 나라의 근본을 이루는 일반 국민을 예스럽게 이르는 말.
→ 여기에서 '百'자는 '온갖, 모든'을 뜻합니다.

18 雪花(설화)▶(눈 설)(꽃 화)
: ① 눈송이 ② 나뭇가지에 꽃처럼 붙은 눈발.

19 金利(금리)▶(쇠 금)(이할 리)
: 빌려 준 돈이나 예금 따위에 붙는 이자.
→ 여기에서 '利'자는 '이자(利子 : 남에게 돈을 빌려 쓴 대가로 치르는 일정한 비율의 돈)'를 뜻합니다.

20 男女(남녀)▶(사내 남)(계집 녀) → '男女'는 뜻이 서로 반대되는 한자로 결합된 한자어입니다.

23 車窓(차창)▶(수레 차)(창 창)
: 기차나 자동차 따위에 달려 있는 창문.
→ '車'자는 쓰임에 따라 '거' 또는 '차'로 읽고 적습니다.

26 術數(술수)▶(재주 술)(셈 수)
: ① 길흉(吉凶)을 점치는 방법 ② 어떤 일을 꾸미는 꾀나 방법. 술책(術策)
→ 여기에서 '數'자는 '꾀'를 뜻합니다.

30 平等(평등)▶(평평할 평)(무리 등)
: 차별 없이 고르고 한결같음.
→ 여기에서 '平'자는 '고르다'를 뜻하고, '等'자는 '한결같음'을 뜻합니다.

31 出入(출입)▶(날 출)(들 입) : 어느 곳을 드나듦.
→ '出入'은 뜻이 서로 반대되는 한자로 결합된 한자어입니다.

39 '淸'자는 서체에 따라 '清'자와 같이 쓰기도 합니다.

41 '始'자의 대표 훈인 '비로소'는 '어느 한 시점을 기준으로 그 전까지 이루어지지 아니하였던 사건이나 사태가 이루어지거나 변화하기 시작함'을 뜻합니다.

63 '水(물 수)'자와 뜻이 서로 반대되는 한자는 '火(불 화)'자가 있습니다.

64 海洋(해양)▶(바다 해)(큰바다 양) : 넓고 큰 바다.
→ '海洋'은 뜻이 서로 비슷한 한자로 결합된 한자어입니다.

70 萬一(만일)▶(일만 만)(한 일)
: ① 혹시 있을지도 모르는 뜻밖의 경우. ② 만 가운데 하나 정도로 아주 적은 양.
→ 여기에서 '萬'자는 '많다'를 뜻합니다.

72 同門(동문)▶(한가지 동)(문 문) : 같은 학교에서 수학하였거나 같은 스승에게서 배운 사람.

76 靑年(청년)▶(푸를 청)(해 년)
: 신체적·정신적으로 한창 성장하거나 무르익은, 나이가 20대 정도의 사람.
→ '年'자는 대표 훈이 '해'이나 여기에서는 '나이'를 뜻합니다.

77 父母(부모)▶(아비 부)(어미 모) → '父母'는 뜻이 서로 반대되는 한자로 결합된 한자어입니다.

78 樂(즐길 락, 총15획)
: ' ⺂ ⺁ ⺁ ⺁ ⺁ ⺁ ⺁ ⺁ ⺁ ⺁ 樂 樂 樂

79 班(나눌 반, 총10획)
: ⺀ ⺁ ⺁ ⺁ ⺁ 珏 珏 班 班

80 圖(그림 도, 총14획)
: ⎸ ⎸ ⎸ ⎸ ⎸ ⎸ ⎸ 圖 圖 圖 圖 圖 圖 圖

05회 기출 · 예상문제   91쪽~93쪽

01	고조	02	대리	03	약초	04	각계
05	기사	06	추석	07	공백	08	유리
09	업소	10	대답	11	남편	12	성공
13	도형	14	체면	15	용기	16	정직
17	도술	18	작년	19	주의	20	공용
21	운명	22	시작	23	반성	24	입금
25	부분	26	동창	27	과연	28	풍문
29	발표	30	농촌	31	신동	32	서당
33	여름 하	34	심을 식	35	나눌 반	36	살 주
37	마실 음	38	바다 해	39	말씀 화	40	이제 금
41	무거울 중	42	약할 약	43	빛 광	44	사라질 소
45	오를 등	46	눈 설	47	장인 공	48	뜰 정
49	나타날 현	50	때 시	51	인간 세	52	무리 등
53	백성 민	54	뿔 각	55	올 래	56	봄 춘
57	수풀 림	58	급할 급	59	모을 집	60	공 구
61	노래 가	62	③	63	④	64	③
65	④	66	식사하기 전 / 이른 아침	67	달빛
68	父女	69	十萬	70	南西	71	大王
72	生日	73	學校	74	外三寸	75	東北
76	兄弟	77	敎室	78	⑦	79	③
80	⑧						

해설

01 高祖(고조)▶(높을 고)(할아비 조) : 고조할아버지. 할아버지의 할아버지를 이르는 말.
→ '祖'자는 서체에 따라 '祖'자와 같이 쓰기도 합니다.

02 代理(대리)▶(대신할 대)(다스릴 리)
: 남을 대신하여 일을 처리함.

→ 여기에서 '理'자는 '처리하다'를 뜻합니다.

04 各界(각계)▶(각각 각)(지경 계) : 사회의 각 분야.
→ 여기에서 '界'자는 '분야(分野 : 여러 갈래로 나누어진 범위나 부분)'를 뜻합니다.

09 業所(업소)▶(업 업)(바 소)
: 사업을 벌이고 있는 장소.
→ 여기에서 '所'자는 '장소'를 뜻합니다.

16 正直(정직)▶(바를 정)(곧을 직)
: 마음에 거짓이나 꾸밈이 없이 바르고 곧음.
→ '正直'은 뜻이 서로 비슷한 한자로 결합된 한자어입니다.

17 道術(도술)▶(길 도)(재주 술) : 도를 닦아 여러 가지 조화를 부리는 요술이나 술법.
→ 여기에서 '術'자는 요술(妖術)이나 술법(術法)을 뜻합니다.

21 運命(운명)▶(옮길 운)(목숨 명) : 인간을 포함한 모든 것을 지배하는 초인간적인 힘 또는 그것에 의하여 이미 정하여져 있는 목숨이나 처지.
→ 여기에서 '運'자는 '운수(運數 : 이미 정하여져 있어 인간의 힘으로는 어쩔 수 없는 것)'를 뜻하고, '命'자는 '명수(命數 : 운명과 재수)'를 뜻합니다.

23 反省(반성)▶(돌이킬 반)(살필 성) : 자신에 대하여 잘못이나 부족함이 없는지 돌이켜 봄.
→ '省'자는 뜻에 따라 '성' 또는 '생'으로 읽고 적습니다.

26 同窓(동창)▶(한가지 동)(창 창)
: ① 같은 학교에서 공부를 한 사이 ② 같은 학교를 나온 사람. 동창생.

27 果然(과연)▶(실과 과)(그럴 연) : 아닌 게 아니라 정말로. 알고보니 결과가 정말로 그러함.
→ 여기에서 '果'자는 '결과(結果)'를 뜻합니다.

28 風聞(풍문)▶(바람 풍)(들을 문)

: 바람처럼 떠도는 소문.

→ 여기에서 '聞'자는 '소문(所聞)'을 뜻합니다.

31 神童(신동)▶(귀신 신)(아이 동)

: 재주와 슬기가 남달리 특출한 아이.

→ 여기에서 '神'자는 '신통(神通)하다'를 뜻합니다.

37 '飮'자는 서체에 따라 '飮'자와 같이 쓰기도 합니다.

47 '工'자의 대표 훈인 '장인'은 '손으로 물건을 만드는 일을 업으로 하는 사람'을 뜻합니다.

49 '現'자는 부수가 '玉(구슬 옥)'자이나 글자 속에서는 획을 줄여서 '王(임금 왕)'자와 같이 쓰기도 합니다.

59 '集'자는 '나무[木]' 위에 '새[隹]'가 모여서 앉아 있는 것을 나타낸 회의자입니다.

60 '球'자는 부수가 '玉(구슬 옥)'자이나 글자 속에서는 획을 줄여서 '王(임금 왕)'자와 같이 쓰기도 합니다.

62 '活(살 활)'자와 뜻이 서로 반대되는 한자는 '死(죽을 사)'자가 있고, '動(움직일 동)'자와 뜻이 서로 반대되는 한자는 '靜(고요할 정)'자가 있습니다.

63 '計算'은 서로 뜻이 비슷한 한자로 결합된 한자어입니다.

64 休戰線(휴전선)▶(쉴 휴)(싸움 전)(줄 선)

: 휴전 협정에 따라서 결정되는 쌍방의 군사 경계선.

65 自動(자동)▶(스스로 자)(움직일 동)

: 기계나 설비 따위가 자체 내에 있는 일정한 장치의 작용에 의하여 스스로 작동함.

78 每(매양 매, 총7획) : ′ ″ 仁 乍 乍 每 每

79 火(불 화, 총4획) : 丶 丶 丷 火

80 花(꽃 화, 총8획) : 一 十 卄 丱 芢 芢 花 花

(사) 한국어문회 주관

한자능력 검정시험

쓰기연습

8급 ~ 6급 II

✔ 쓰기연습은 8급(50자), 7급II(50자), 7급(50자), 6급II(75자)의
순서로 총 225자를 '가나다 순'으로 실었습니다.

1　8급 쓰기연습

🎯 다음의 한자를 순서에 따라 한 획씩 쓰며 익혀봅시다.

教	
가르칠 교(攵)	ノ メ 广 考 考 孝 孝 教 教 教 教
校	
학교 교(木)	一 十 才 木 木 木 杧 柠 柠 校
九	
아홉 구(乙)	ノ 九
國	
나라 국(口)	l 冂 冂 冃 冃 冃 冐 國 國 國 國
軍	
군사 군(車)	冖 后 皀 宣 軍
金	
쇠 금, 성 김(金)	ノ 人 厶 仐 仐 牟 余 金 金

👦 도·움·글

• '國'자는 '백성들[人口]과 땅[一]을 지키기 위해 국경[口]을 에워싸고 적이 침입하지 못하게 했다'는 데에서, '나라[國]'를 뜻합니다.

• '軍'자는 '전차[車] 주위를 둘러싸고[勹] 싸운다는 뜻이 합하여 군사[軍]'를 뜻합니다.

2 8급 쓰기연습

南	
남녘 남(十)	` 一 十 十 内 内 南 南 南 南 `

女	
계집 녀(女)	` く 女 女 `

年	
해 년(干)	` 𠂉 𠂉 𠂉 年 年 `

大	
큰 대(大)	` 一 ナ 大 `

東	
동녘 동(木)	` 一 厂 冂 冃 申 申 東 東 `

六	
여섯 륙(八)	` 丶 亠 六 六 `

도·움·글

• '南'자는 '울타리[冂]를 치고 많은 양[羊]을 기르는 곳이 남쪽 지방이므로 남쪽[肖]'을 뜻합니다.
• '東'자는 '태양[日]이 떠올라 나무[木] 사이에 걸쳐있는 모양[東]'을 본뜬 데에서, '동쪽'을 뜻합니다.

3　8급 쓰기연습

萬	
일만 만(艸)	一 艹 艹 节 苎 芒 芦 芦 萬 萬 萬 萬

母	
어미 모(毋)	乚 囚 母 母 母

木	
나무 목(木)	一 十 才 木

門	
문 문(門)	丬 丬 丬 丬 門 門

民	
백성 민(氏)	丁 丁 尸 尸 民

白	
흰 백(白)	丿 亻 白 白 白

도·움·글

• '民'자는 '노예의 눈을 바늘로 찔러 눈 먼 사람[罒]이 된 모양'을 본뜬 것으로, '아는 것이 없는[無知] 사람들'이라는 데에서, '백성'을 뜻합니다.

4　8급 쓰기연습

父						
아비 부(父)　　 ′ ′′ グ 父						
北						
북녘 북(匕)　　 丨 ⺌ ⺌ ⺌ 北						
四						
넉 사(口)　　 丨 冂 冂 四 四						
山						
메 산(山)　　 丨 山 山						
三						
석 삼(一)　　 一 二 三						
生						
날 생(生)　　 ′ ′ ′ 牛 生						

도·움·글

- '山'자는 '돌도 있고 높이 솟기도 한 산의 봉우리가 뾰족뾰족하게 이어진 모양[⋀⋀]'을 본뜬 것으로, '메'를 뜻합니다.
- '生'자는 '아래의 一은 땅, 위의 ⴊ은 풀이 자라는 것'을 본뜬 것으로, '초목이 나고 차츰 자라서 땅 위에 나온다[⩞]'는 데에서 '낳다'를 뜻합니다.

5   8급 쓰기연습

西								
서녘 서(西) ー ー ー ㄕ 西 西 西								
先								
먼저 선(儿) ノ ㅗ 生 步 先								
小								
작을 소(小) 亅 小 小								
水								
물 수(水) 亅 기 가 水								
室								
집 실(宀) 丶 宀 宀 宁 宏 宏 窌 室								
十								
열 십(十) ー 十								

도·움·글

- '西'자는 '새[弓＝鳥]가 보금자리[囟]에 드는 때가 해 질 때[圝]'라는 데에서, '서쪽'을 뜻합니다.
- '小'자는 '아주 작은 물건[丨]을 다시 둘로 나누는[八] 모양[丶丨]'을 본뜬 것으로, '작다'를 뜻합니다.

6   8급 쓰기연습

五	
다섯 오(二) 一 丆 五 五	
王	
임금 왕(玉) 一 二 千 王	
外	
바깥 외(夕) ノ ク 夕 列 外	
月	
달 월(月) ノ 刀 月 月	
二	
두 이(二) 一 二	
人	
사람 인(人) ノ 人	

도·움·글

• '外'자는 '길흉화복을 점[卜]치는 일은 보통 아침에 하는데, 저녁[夕]에 점을 치는 것은 정상에서 벗어나는 일[外]'이라는 데에서, '밖, 바깥'을 뜻합니다.

7 　 8급 쓰기연습

日						
날 　 일(日) 　 丨 冂 冃 日						

一						
한 　 일(一) 　 一						

長						
긴 　 장(長) 　 一 厂 F F 트 트 長 長						

弟						
아우 제(弓) 　 ヽ ヽ ヽ ゝ 弟 弟 弟						

中						
가운데 중(丨) 　 ヽ 冂 口 中						

青	青					
푸를 　 청(靑) 　 一 二 丰 主 丰 青 青 青						

도·움·글

• '日'자는 '해[☉]의 모양'을 본떠서 만든 글자입니다.

• '弟'자는 '활을 들고 노는 아우[♯]의 모습'을 본떠서 만든 글자입니다.

8　8급 쓰기연습

寸	
마디　촌(寸)	一　十　寸
七	
일곱　칠(一)	一　七
土	
흙　토(土)	一　十　土
八	
여덟　팔(八)	ノ　八
學	
배울　학(子)	ˋ　ˊ　ˊ　ˊ　ˊ　ˊ　ˊˊ　ˊˊ　ˊˊ　ˊˊ　ˊˊ　與　學　學　學
韓	
나라　한(韋)	一　十　ナ　古　古　吉　車　卓　卓　卓　卓　卓　韓　韓　韓　韓　韓

🔅 도·움·글

● '土'자는 '위의 一은 땅의 표면을, 아래의 一은 땅 속을 본떠서, 땅 속에서 싹이 터서 땅의 표면을 뚫고 자라는 식물[ㅣ]을 기른다[Ω]'는 데에서 '흙'을 뜻합니다.

9　8급 쓰기연습

兄							
형　형(儿)　丶 冂 口 尸 兄							
火							
불　화(火)　丶 丶 丷 火							

• '火'자는 '불이 활활 타오르는 모양[🔥]'을 본뜬 것으로, '불'을 뜻합니다.

1 7급II 쓰기연습

◎ 다음의 한자를 순서에 따라 한 획씩 쓰며 익혀봅시다.

家						
집　　가 (宀)　　｀ 丶 宀 宀 宁 宇 宇 宇 家 家 家						
間						
사이　간 (門)　 丨 门 门 闩 門 門 門 門 門 間 間 間 間						
江						
강　　강 (水)　 ｀ 丶 氵 氵 江 江						
車						
수레 거/차 (車)　 一 厂 闩 盲 甫 車 車						
空						
빌　　공 (穴)　 ｀ 丶 宀 宀 宂 空 空 空						
工						
장인　공 (工)　 一 丁 工						

🐾 도·움·글

• '家'자는 '집 안[宀]에서 豕[돼지]를 기른다'는 뜻을 결합하여 '집[家]'이라는 뜻을 나타내는 글자입니다.

2 7급II 쓰기연습

記	
기록할 기 (言)	` 一 二 ㅋ 言 言 言 訂 訂 記

氣	
기운 기 (气)	ノ ヒ ケ 气 气 气 気 氧 氣 氣

男	
사내 남 (田)	丨 冂 冃 田 田 罗 男

內	
안 내 (入)	丨 冂 内 內

農	
농사 농 (辰)	丶 冂 曰 串 曲 曲 曲 芦 芦 芦 農 農 農

答	
대답 답 (竹)	ノ ト ト 𥫗 𥫗 𥫗 竺 竺 竺 笭 答 答

도·움·글

• '男'자는 '남자[町]는 들[田]에 나가서 농사일에 힘써야 한다[力]'는 뜻을 나타냅니다.

3   7급II 쓰기연습

道					
길 도 (辶)	`丶丷丷产产产首首首'首首道道道道`				

動					
움직일 동 (力)	`一二千千千台台台重重動動`				

力					
힘 력 (力)	`フ力`				

立					
설 립 (立)	`丶二六亠立`				

每					
매양 매 (毋)	`ノ匸仁匃匃每每`				

名					
이름 명 (口)	`ノクタ夕名名`				

👨‍🎓 **도·움·글**

• '道'자는 '사물의 끝, 가서 닿는 곳'을 뜻하는 '머리[首]'와 '가다[辶=辶(착)]'는 뜻을 결합한 글자[讘]로, '걸어 다니는 길, 한 줄기로 뻗어 나간 길'을 뜻합니다.
• '名'자는 저녁[夕]에는 어두워 상대방을 볼 수 없으므로 입[口]으로 자기가 누구인가를 밝히기 위해 '이름을 대는 것[ᵇ]'을 뜻하는 글자입니다.

4　7급II 쓰기연습

物						
물건　물(牛)　 ´ ㇒ ㇒ 牜 牜 牜 物 物 物						

方						
모　　방(方)　 丶 亠 宁 方						

不						
아닐　불(一)　 一 丆 不 不						

事						
일　　사(亅)　 一 亠 币 百 写 写 事 事						

上						
윗　　상(一)　 丨 卜 上						

姓						
성　　성(女)　 く 夕 攵 女 女 妒 姓 姓						

도·움·글

- '不'자는 '새가 날아 올라가서 내려오지 않는 모양[ ]'을 본떠서 만든 글자입니다.
- '事'자는 '깃발을 단 깃대를 손으로 세우고 있는 모양[ ]'을 본떠서 '역사의 기록을 일삼아 간다'는 것을 뜻합니다.

5 7급II 쓰기연습

世						
인간 세 (一) 一 十 卅 卅 世						
手						
손 수 (手) 一 二 三 手						
時						
때 시 (日) 丨 冂 日 日 日 日 旷 旷 時 時						
市						
저자 시 (巾) 丶 一 广 市 市						
食						
먹을 식 (食) 丿 人 厶 今 今 今 食 食 食						
安						
편안 안 (宀) 丶 丷 宀 安 安 安						

도·움·글

- '世'자는 '세 개의 十[10]을 합치고 그 아랫부분을 끌어서 길게 이어가는 모양[卋]을 나타내어, 대략 30년 이면 한 세대가 이어지는 것'을 뜻합니다.
- '安'자는 '집안[宀]에 여자[女]가 있으니 집안일을 제대로 돌보아 온 집안이 편안하다[安]'는 뜻을 나타내는 글자입니다.

6 7급II 쓰기연습

午						
낮 오(十) `ノ ᄼ ᅳ 午`						
右						
오른 우(口) `ノ ナ ナ 右 右`						
自						
스스로 자(自) `´ ᅥ ⺆ 自 自 自`						
子						
아들 자(子) `フ 了 子`						
場						
마당 장(土) `一 十 土 圵 圯 坦 坦 垾 場 場 場`						
電						
번개 전(雨) `一 ᅳ 广 ᅲ 帀 雨 雨 雩 雩 雨 雷 雷 電`						

🐤 도·움·글

• '自'자는 '사람의 코 모양[🄰]'을 본뜬 글자로, '태아의 코가 가장 먼저 생긴다'는 데에서 '始[시작]'자의 뜻과 통하여 '…로부터'의 뜻을 나타내기도 합니다.

7 7급II 쓰기연습

前	
앞 전(刀)	丶 丷 䒑 䒑 前 前 前 前 前
全	
온전 전(入)	丿 入 亼 亽 仐 全
正	
바를 정(止)	一 丅 下 𣥂 正
足	
발 족(足)	丨 ㄇ 口 口 𠯁 𧾷 足
左	
왼 좌(工)	一 ナ 𠂇 𠂇 左
直	
곧을 직(目)	一 十 𠂇 冇 冇 有 首 直

도·움·글

- '足'자는 '무릎'을 본뜬 '口'와 '정강이부터 발목까지'를 본뜬 '止'를 합하여 '무릎부터 아래' 즉 '발'의 모양 [足]을 본뜬 글자입니다.

8 7급II 쓰기연습

平	
평평할 평 (干)	一 一 一 平 平

下	
아래 하 (一)	一 丁 下

漢	
한수 한 (水)	丶 丶 氵 氵 汁 汁 浩 洪 浩 漢 漢 漢 漢 漢

海	
바다 해 (水)	丶 丶 氵 氵 汇 汇 海 海 海 海

話	
말씀 화 (言)	丶 一 二 三 言 言 言 訂 計 許 許 話 話

活	
살 활 (水)	丶 丶 氵 汗 汗 汗 汗 活 活

도·움·글

• '海'자는 뜻을 나타내는 물[氵=水]과 소리를 나타내는 每[매 → 해]가 결합한 글자[𤃭]로, '하늘의 못[天池]'이며, '모든 냇물을 받아들이는 바다'라는 뜻을 나타냅니다.

9   7급Ⅱ 쓰기연습

孝						
효도 효(子) 一 十 土 少 耂 孝 孝						
後						
뒤 후(彳) 丿 ㇀ 彳 彳 彳 彳 彳 後 後						

도·움·글

• '孝'자는 '아들이 노인을 잘 봉양한다'는 데에서, '부모나 조상을 잘 섬김[孝]'을 뜻합니다.

• '後'자는 '발걸음[彳]을 조금씩[幺] 내딛으며 뒤처져온다[夂]'는 데에서 '뒤[後]'를 뜻합니다.

1 7급 쓰기연습

◎ 다음의 한자를 순서에 따라 한 획씩 쓰며 익혀봅시다.

歌	
노래 가(欠)	一 一 一 一 一 一 一 一 一 哥 哥 歌 歌 歌
口	
입 구(口)	丨 口 口
旗	
기 기(方)	丶 一 亠 方 方 方 方 扩 施 旆 旆 旗 旗 旗
冬	
겨울 동(冫)	丿 夂 夂 冬 冬
洞	
골 동(水)	丶 丶 氵 汁 汀 洞 洞 洞 洞
同	
한가지 동(口)	丨 冂 冂 同 同 同

👲 도·움·글

• '冬'자는 네 계절 중 끝[마침 : 夂] 계절에 얼음[冫]이 얼어 '만물이 얼어붙는 때'라는 데에서 '겨울[❄]'을 뜻합니다.

2 7급 쓰기연습

登						
오를 등(癶)	ノ ヲ ヲ ゔ゙ ゔ゙ 癶 癶 癶 啓 啓 啓 登 登					
來						
올 래(人)	一 ア 万 刀 玊 來 來 來					
老						
늙을 로(老)	一 十 土 耂 耂 老					
里						
마을 리(里)	丨 冂 曰 日 旦 甲 里					
林						
수풀 림(木)	一 十 才 木 木 村 村 林					
面						
낯 면(面)	一 ア ア 丙 而 而 而 面 面					

도·움·글

• '登'자는 두 다리를 뻗쳐서[癶] 제사에 쓸 그릇[豆]을 '높은 곳에 올려놓는다'는 데에서 '오르다[登]'를 뜻합니다.

3 7급 쓰기연습

命	
목숨 명(口)	ノ 人 ム ム 合 合 合 命
文	
글월 문(文)	丶 一 ナ 文
問	
물을 문(口)	｜ ｜′ ｜゛ ｜゛ ｜゛ 門 門 門 門 問 問
百	
일백 백(白)	一 ア ア 币 百 百
夫	
지아비 부(大)	一 二 ‡ 夫
算	
셈 산(竹)	ノ ト ト 竹 竹 竹 竹 笪 笪 笪 笪 算 算 算

도·움·글

• '問'자는 '문[門] 안의 내용을 알기 위해 다른 사람에게 입[口]으로써 물어본다'는 데에서, '묻다[問]'를 뜻합니다.

4　7급 쓰기연습

色					
빛　색(色)　ノ ク ク ム 名 色					

夕					
저녁　석(夕)　ノ ク 夕					

所					
바　소(戶)　ヽ ゙ ゙ 戶 戶 所 所 所					

少					
적을　소(小)　リ 小 小 少					

數					
셈　수(攵)　ヽ 口 吕 吕 吕 吕 串 串 婁 婁 婁 婁 數 數					

植					
심을　식(木)　一 十 才 木 札 朾 柏 柏 柏 植 植 植					

도·움·글

• '夕'자는 '달[月]'에서 1획을 뺀 글자로, 해가 지고 달이 뜨기 시작하는 때는 '달이 반쯤 보인다'는 데에서, '황혼·저녁[♪]'을 뜻합니다.

5 7급 쓰기연습

心							
마음 심(心)	ㅣ 心 心 心						
語							
말씀 어(言)	ㆍ ㆍ ㆍ 言 言 言 言 訂 訝 話 語 語 語						
然							
그럴 연(火)	㇒ ㇇ ㇇ 夕 夕 外 妖 狀 狀 然 然 然						
有							
있을 유(月)	㇒ ㇒ ナ 才 有 有 有						
育							
기를 육(肉)	ㆍ ㆍ ㆍ 云 育 育 育 育						
邑							
고을 읍(邑)	ㅣ ㄇ ㅁ ㅁ 무 뮤 品 邑						

도·움·글

• '邑'자는 '영토를 뚜렷하게 경계하여[囗] 천자가 제후에게 부절[卩 =節]을 내려 다스리게 하는 곳'이라는 데에서, '서울, 마을, 고을[卩]'을 뜻합니다.

6 7급 쓰기연습

入								
들 입(入) ノ 入								
字								
글자 자(子) ` `` 宀 宁 字 字								
祖								
할아비 조(示) ` `` ラ ネ ネ ネ 初 和 祖 祖								
住								
살 주(人) ノ 亻 亻 亻 住 住 住								
主								
주인 주(丶) ` `` 二 主 主 主 / ` `` 二 十 主 主								
重								
무거울 중(里) ` 二 千 台 台 台 重 重 重								

🎓 도·움·글

• '字'자는 집안[宀]에서 자식[子]을 낳아 기르는 형상으로, '집안에 자식이 계속 붙듯이 글자도 계속하여 생긴다'는 데에서, '글자[字]'를 뜻합니다.

7 7급 쓰기연습

地	
땅[따] 지(土)	一 十 土 圵 圴 地
紙	
종이 지(糸)	𠃋 幺 幺 糸 糸 糸 糽 紅 紅 紙
川	
내 천(巛)	丿 川 川
千	
일천 천(十)	一 二 千
天	
하늘 천(大)	一 二 チ 天
草	
풀 초(艸)	一 十 廾 艹 艹 节 苩 苩 苴 草

도·움·글

- '天'자는 '서 있는 사람[大] 위로 끝없이 펼쳐져 넓은 것[一]'이라는 데에서, '하늘[天]'을 뜻합니다.

8 7급 쓰기연습

村	
마을 촌(木)	一 十 才 木 村 村 村

秋	
가을 추(禾)	一 二 千 禾 禾 禾 禾 秋 秋

春	
봄 춘(日)	一 二 三 声 夫 表 春 春 春

出	
날 출(山)	一 十 屮 出 出

便	
편할 편(人)	丿 亻 亻 俨 伤 佰 伊 便 便

夏	
여름 하(夂)	一 一 丆 丆 夃 百 百 頁 夏 夏

도·움·글
• '出'자는 '초목의 싹이 차츰 땅위로 돋아나 자라는 모양[ ]'을 본뜬 것에서, '나오다, 자라다' 등을 뜻합니다.

9 7급 쓰기연습

花							
꽃 화(艸)	一 十 ナ 花 花 花 花 花						
休							
쉴 휴(人)	ノ イ イ 仁 什 休 休						

도·움·글

• '休'자는 '사람[人 = 亻]이 나무[木 = 木] 그늘에 있는 모양[休]'을 본뜬 것에서, '쉬다'를 뜻합니다.

1 6급Ⅱ 쓰기연습

🎯 다음의 한자를 순서에 따라 한 획씩 쓰며 익혀봅시다.

各	
각각 각(口)	ノ ク タ 冬 各 各

角	
뿔 각(角)	ノ ク ゲ 角 角 角 角

計	
셀 계(言)	、 一 二 三 言 言 言 言 計

界	
지경 계(田)	丨 冂 日 田 田 尹 界 界 界

高	
높을 고(高)	、 一 亠 古 吉 户 高 高 高 高

功	
공 공(力)	一 T エ 功 功

🐤 도·움·글

• 「角」자는 '짐승 뿔의 모양[角]'을 본뜬 글자로, '뿔', '모서리'를 뜻합니다.
• 「高」자는 '높은 건축물의 모양[高]'을 본뜬 글자로, '높다'를 뜻합니다.

2 6급Ⅱ 쓰기연습

公	
공평할 공 (八)	ノ 八 公 公
共	
한가지 공 (八)	一 十 卄 壮 共 共
科	
과목 과 (禾)	ノ 二 千 千 禾 禾 禾 科 科
果	
실과 과 (木)	丶 冂 日 日 旦 甲 果 果
光	
빛 광 (儿)	丨 丨 丬 丬 屵 光
球	
공 구 (玉)	一 二 三 干 王 王 玗 玗 玗 球 球 球

🎓 도·움·글
• 「果」자는 '나무에 열매가 열린 모양[♥]'을 본뜬 글자로, '일의 결과'를 뜻합니다.

3 6급Ⅱ 쓰기연습

今	
이제 금(人)	ノ 人 仒 今

急	
급할 급(心)	ノ ク 刍 刍 刍 急 急 急 急

短	
짧을 단(矢)	ノ ヽ 上 午 矢 矢 知 知 知 短 短 短

堂	
집 당(土)	㇐ ㇑ ㅛ ㅛ ㅛ 㡀 㡀 㡀 常 堂 堂

代	
대신할 대(人)	ノ 亻 亻 代 代

對	
대할 대(寸)	㇑ ㇑ ㇑ ㇑ 亚 业 业 业 业 業 業 業 對 對

🎓 도·움·글
- 「今」자는 '예 고(古)'자와 상대되는 말로, '목전(目前 : 지금, 현재)'을 뜻합니다.
- 「代」자는 '칠 벌(伐)'자와 모양이 비슷하여 혼동하기 쉬운 글자입니다.

4　6급Ⅱ 쓰기연습

圖	
그림 도(口)	丨 冂 冂 冂 冋 冋 圕 圕 圖 圖 圖 圖 圖 圖
讀	
읽을 독(言)	言 言 計 計 計 請 讀 讀 讀 讀 讀 讀 讀 讀 讀 讀
童	
아이 동(立)	丶 亠 亠 立 产 音 音 音 童 童
等	
무리 등(竹)	丿 𠂉 𠂉 𥫗 𥫗 𥫗 笁 竺 竺 等 等
樂	
즐길 락(木)	丿 𦥑 𦥑 𦥑 𦥑 伯 絈 絈 絲 樂 樂 樂 樂 樂
理	
다스릴 리(玉)	一 二 亖 王 王 玨 珇 珇 理 理 理

도·움·글

● 「讀」자는 '읽다'를 뜻할 때에는 '독'으로 읽고, '구절(句節 : 한 토막의 말이나 글)'을 뜻할 때에는 '두'로 읽고 적습니다.

5 6급II 쓰기연습

한자	훈음	필순
利	이할 리(刀)	丿 二 千 禾 禾 禾 利
明	밝을 명(日)	丨 冂 日 日 明 明 明 明
聞	들을 문(耳)	丨 ㇆ 尸 尸 尸 門 門 門 門 門 門 門 聞 聞
班	나눌 반(玉)	一 二 干 王 王 玎 玎 玎 班 班
反	돌이킬 반(又)	一 厂 反 反
半	반 반(十)	丶 丷 丷 兰 半

도·움·글

- 「利」자는 '예리하다[𥝢]'는 '날카로울 섬(銛)'자와 같은 뜻에서, '칼[刂=刀]이 화합한 뒤에 이롭다'는 것을 뜻하게 되었습니다.

6 6급Ⅱ 쓰기연습

發	
필　발(癶)	ﾉ ﾌ ﾀ ﾀﾞ ﾀﾞ 癶 癶 癶 發 發 發 發 發
放	
놓을　방(攴)	ﾍ ﾗ ﾗ 方 ﾗﾞ ﾗﾞ 放 放
部	
떼　부(邑)	ﾍ ﾗ ﾗ ﾎ 立 立 音 音 音 部 部
分	
나눌　분(刀)	ﾉ 八 分 分
社	
모일　사(示)	ﾍ ﾗ ﾗ ﾈ ﾈ ﾈ 社 社
書	
글　서(日)	ﾏ ﾏ ﾖ ﾖ 聿 書 書 書 書 書

도·움·글

- 「放」자의 부수인 「攴(칠 복)」자는 글자 속에서는 「攵」으로 모양이 변하기도 합니다.
- 「部」자의 뜻인 '떼'는 '무리'를 뜻하므로 '때 시(時)'자의 '때'와 구별해야 합니다.

7 6급Ⅱ 쓰기연습

線	
줄 선(糸)	`丶丶幺幺幺糸糸糸'紗紗紗紗綿線線線`

雪	
눈 설(雨)	`一ㄣ广ਜ਼而雨雨雨雪雪雪`

省	
살필 성(目)	`丿丿小少少省省省省`

成	
이룰 성(戈)	`丿厂厂戸成成成`

消	
사라질 소(水)	`丶丶氵氵氵沪沪消消消`

術	
재주 술(行)	`丿彳彳千千礻衧徔術術術術`

도·움·글

• 「省」자는 '살피다'를 뜻할 때에는 '성'으로 읽고, '덜다'를 뜻할 때에는 '생'으로 읽고 적습니다.

8 6급II 쓰기연습

始	
비로소 시(女)	㇄ ㇄ 女 女 女 女 始 始
神	
귀신 신(示)	㇇ ㇇ ㇇ ㇇ ㇇ ㇇ 神 神 神 神
身	
몸 신(身)	㇒ ㇒ 刂 ㇆ 自 自 身 身
信	
믿을 신(人)	㇒ 亻 亻 ㇒ ㇒ 信 信 信 信
新	
새 신(斤)	㇏ ㇇ ㇇ ㇇ 立 立 辛 辛 亲 新 新 新 新
藥	
약 약(艸)	一 ㇐ ㅔ ㇐ ㅛ ㇒ 苫 苫 苩 苩 薴 薴 薴 薴 藥 藥 藥 藥

도·움·글
• 「始」자의 뜻인 '비로소'는 '어떤 현상이나 일이 어느 순간 처음으로 이루어지거나 변화하기 시작함'을 나타내는 말입니다.

9 6급II 쓰기연습

弱						
약할 약(弓)	｀ ｀ 弓 弓 弓 弓' 弱' 弱 弱 弱					
業						
업 업(木)	｜ ｜ ｜ ｜ 业 业 业 业 业 崇 業 業 業					
勇						
날랠 용(力)	｀ ｀ 广 严 冎 冎 甬 勇 勇					
用						
쓸 용(用)	ﾉ 几 月 月 用					
運						
옮길 운(辶)	` ` ｀ 冖 冃 冒 官 盲 軍 軍 運 運 運					
音						
소리 음(音)	｀ ｀ ｰ ｃ 立 产 音 音 音					

도·움·글

• 「弱(약)」자는 두 개의 구부러진 '활 궁(弓)'자와 '새의 깃털[터럭 삼(彡)]'을 뜻하는 글자를 결합하여 '유약하다, 기력이 약하거나 세력이 부족한 것'을 뜻합니다.

10 6급II 쓰기연습

飲								
마실 음(食) ノ ㅅ 入 乍 今 今 今 食 食 食 飲 飲 飲								

意								
뜻 의(心) ` 亠 亠 立 立 产 音 音 音 音 意 意 意								

昨								
어제 작(日) l 刀 月 日 日' 昨 昨 昨 昨								

作								
지을 작(人) ノ イ イ 忭 忭 竹 作 作								

才								
재주 재(手) 一 十 才								

戰								
싸움 전(戈) ` ` 口 口 口 吕 吕 門 門 門 閂 單 單 戰 戰 戰								

도·움·글

- 「飲」자의 부수는 '먹을 식(食)'자이나 글자 속에서는 「飠」와 같이 한 획 줄여서 씁니다.
- 「才」자는 '초목의 줄기가 땅에서 처음 돋아나는 모양[才]'을 본뜬 글자입니다.

11 6급Ⅱ 쓰기연습

庭	
뜰 정(广)	`丶广广广广庄庄庭庭庭`
題	
제목 제(頁)	`丨冂日日旦旦早昂昂是是足匙題題題題題題`
第	
차례 제(竹)	`丿竹竹竹竹笠笠第第第`
注	
부을 주(水)	`丶丶氵氵氵汁汴注`
集	
모을 집(隹)	`丿亻亻竹作作作隹隹隼集集`
窓	
창 창(穴)	`丶宀宀灾灾空空窓窓窓`

도·움·글

- 「集」자는 '雧'자와 같은 글자로, '나무 위에 새들이 앉아 있는 것'을 뜻합니다.
- 「窓」자는 '窗, 窻, 悤'자 등과 쓰임이 같은 글자로, '통하는 구멍'을 뜻합니다.

12　6급Ⅱ 쓰기연습

清	
맑을　청(水)	` ` ` ` ` ` ` ` ` 清 清 清

體	
몸　체(骨)	體

表	
겉　표(衣)	表

風	
바람　풍(風)	風

幸	
다행　행(干)	幸

現	
나타날　현(玉)	現

도·움·글

• 「表」자는 '옛사람들은 털이 있는 가죽옷을 입을 때에는 털이 겉으로 향하도록 입었다[表]'는 데에서, '겉옷, 겉'을 뜻합니다.

13 6급Ⅱ 쓰기연습

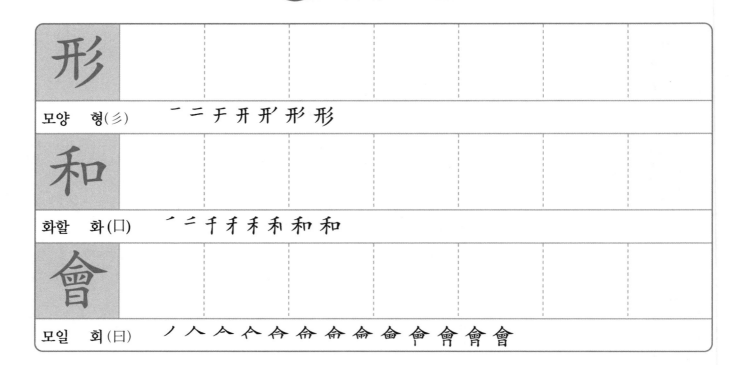

形	
모양 형(彡)	‾ ‾ ‾ 汘 汧 汧´ 形 形
和	
화할 화(口)	‾ ‾ 千 禾 禾 利 和 和
會	
모일 회(曰)	丿 人 人 亼 今 合 命 侖 侖 侖 曾 曾 會 會

도·움·글

• 「和」자의 뜻인 '화(和)하다'는 '서로 뜻이 맞아 사이좋은 상태가 됨'을 뜻하는 말입니다.

• 「會」자의 부수는 「曰(가로 왈)」자이므로, 「會」자의 아랫부분은 「日(날 일)」자보다 납작하게 써야 합니다.

● **인 쇄** · 2024년 2월 5일
● **발 행** · 2024년 2월 10일

● **엮은이** · 원 기 춘
● **발행인** · 최 현 동
● **발행처** · 신 지 원

저자와의
협의하에
인지 생략

● **주 소** · 07532
　　　　　서울특별시 강서구 양천로 551-17, 813호(가양동, 한화비즈메트로 1차)

● **T E L** · (02) 2013-8080~1
　F A X · (02) 2013-8090
● **등 록** · 제16-1242호
● **교재구입문의** · (02) 2013-8080~1

정가 15,000원

ISBN 979-11-6633-399-6 15710